LES

SECTES ET SOCIÉTÉS SECRÈTES

POLITIQUES ET RELIGIEUSES.

LES SECTES

ET

SOCIÉTÉS SECRÈTES

POLITIQUES ET RELIGIEUSES ;

ESSAI SUR LEUR HISTOIRE

DEPUIS LES TEMPS LES PLUS RECULÉS

jusqu'à la

RÉVOLUTION FRANÇAISE;

PAR

J. H. E. Comte LE COUTEULX DE CANTELEU.

PARIS,

LIBRAIRIE ACADÉMIQUE,

DIDIER ET Cie, ÉDITEURS,

35, QUAI DES GRANDS-AUGUSTINS.

1863

Au

Lieutenant général baron Chazal,

Ministre de la guerre de Belgique.

Vous avez bien voulu, mon cher Général,
accepter la dédicace de ce livre. Puisse-t-il être un
faible témoignage du sincère attachement

de votre tout dévoué et affectionné

Comte Le Couteulx de Canteleu.

PRÉFACE.

J'ai travaillé, pendant dix ans, à amasser les matériaux qui m'étaient nécessaires pour compléter cette
étude historique, et, au moment de la faire paraître,
j'hésite et je suis tenté de reculer devant l'œuvre
que j'ai entreprise. — Ai-je bien mis, d'ailleurs,
toute l'impartialité si nécessaire déjà dans tout travail historique, mais si difficile dans des questions
qui passionnent aussi facilement que celles-ci. J'espère du moins que, apportant quelques documents
que je crois nouveaux tant sur les Alchimistes et les
Templiers que sur les sectes qui préparèrent la Ré-

volution française, il me sera beaucoup pardonné
en faveur du travail aride et pénible que j'ai dû
faire pour compulser une si immense quantité de
manuscrits et de matériaux de toute sorte. — Combien de fois ai-je dû interrompre mes recherches et
m'arrêter découragé, avant de saisir le fil ou avant
d'arriver à découvrir la vérité au milieu de ce fatras
d'idées toujours les plus bizarres et rendues, souvent exprès, incompréhensibles pour les profanes.

Mon premier guide, dans cette étude, fut le re-
grettable Gérard de Nerval, cet esprit intelligent
qui m'avait parfaitement indiqué la chaîne invisible
qui relie entre elles toutes les sociétés secrètes,
et qui peut-être, sans en avoir de preuves, m'avait
mis sur la voie de plusieurs faits qui se sont trouvés
vérifiés lorsque j'ai pu me procurer plus tard quelques-uns de ces curieux manuscrits du Régent, du
prince de Hesse ou des grands Maîtres du Temple.

Mais une des plus grandes difficultés de l'œuvre
que j'ai entreprise m'a toujours paru être l'impartialité, les Sociétés secrètes ayant généralement
beaucoup varié dans leur but, non-seulement sui-

vant les époques, mais aussi suivant les hommes qui les dirigeaient. Ainsi il est arrivé souvent que les sectes les plus pernicieuses, cinquante ans après, étaient les plus inoffensives, puis disparaissaient pour renaître quelquefois des plus dangereuses. Les hommes les plus honnêtes ont pu vivre, et même plus, paraître diriger ces Sociétés sans savoir un mot de leurs détestables tendances; car beaucoup d'entre elles avaient un but qui n'était connu que de quelques chefs secrets qui s'en faisaient un moyen de parvenir; c'est ainsi, par exemple, que l'action des Templiers fut nulle sur la Révolution française, car leur chef, à cette époque, l'honnête M. de Cossé-Brissac, était parfaitement incapable ou de connaître ou de poursuivre le but réel de l'Ordre.

Les Sociétés secrètes ont eu des époques de misère et des époques de succès, époques où elles se triplaient, où tout le monde voulait en faire partie et renverser ce qui existait sans être capable de le remplacer, ni même, souvent, sans savoir ce que l'on voulait mettre à la place.

Ces grandes époques sont Salomon, la naissance du Christ, les Croisades et la Révolution française.

Elles ont eu des époques où elles avaient un but tout religieux, d'autres où elles avaient un but politique; mais on peut dire que généralement leur vrai but, à toutes, a été toujours, est et sera toujours la lutte contre l'Église et la religion chrétienne, et la lutte de celui qui n'a rien contre celui qui possède.

Toutes les Sociétés secrètes ont eu des initiations à peu près analogues depuis les Égyptiens jusqu'aux Illuminés, et toutes se sont plus ou moins servies de la magie, du charlatanisme, de la fantasmagorie, etc.

Quelquefois les chefs furent d'honnêtes gens qui, chercheurs infatigables, voulaient percer le mystère de toutes choses. Parmi ceux-là, les uns perdirent la tête, les autres cédèrent à la lassitude et à l'impuissance; d'autres, enfin, reculèrent devant les conséquences en voyant où cela les menait.

D'autres fois, et le plus souvent, les chefs furent des hommes ambitieux qui voulaient lutter contre l'ordre social, le renverser à leur profit, et faire de leur société un marchepied pour leur ambition.

D'autres fois enfin, ce furent tout bonnement des charlatans dont le but était de duper tout le monde pour faire leurs affaires et remplir leurs poches.

Presque toutes les Sociétés secrètes s'enchaînent, se donnant naissance les unes aux autres, et, par cela même, elles peuvent être considérées comme tirant presque toutes leur origine de l'Orient, ce grand berceau de toutes les croyances humaines.

Elles se recrutent à peu près toutes dans la Franc-Maçonnerie, la grande pépinière des adeptes; aussi je doute qu'il ait existé des Sociétés secrètes dont les membres ne fussent pas Francs-Maçons.

Elles ont presque toujours deux sortes de règles et de doctrines, l'une vulgaire et générale, l'autre particulière et secrète, connue seulement de certains initiés qui sont rarement dans les plus hauts grades, mais par les mains desquels tout passe et en réalité tout se fait.

Avant de commencer, je répéterai encore que tout mon désir étant de faire dans ce travail une étude historique exacte et véridique, et non un pamphlet ou une œuvre de parti, je n'ai rien inventé et rien avancé dont je n'aie la preuve; tout est puisé aux meilleures sources. Les appréciations seules peuvent être jugées fausses ou erronées, mais les faits sont exacts et tous les documents cités sont entre mes mains. Les plus curieux de ces documents sont les nombreux manuscrits venant, dit-on, du prince de Hesse et dont une partie a dû passer dans les mains de M. Morrisson Grienfield, ex-médecin en chef des armées britanniques, et l'autre partie dans les miennes, — les papiers de deux anciens lieutenants généraux du Temple, — une partie des papiers relatifs à Cagliostro, — sa correspondance avec M. de Corberon, — un manuscrit sur l'alchimie fait pour le Régent, ouvrage très-curieux, — tous les papiers du Châtelet relatifs à l'affaire du collier de la Reine et une masse d'autres manuscrits rares et péniblement amassés. — Par les motifs que je viens de citer, j'ai dû passer sous si-

lence beaucoup de faits historiques se rapportant aux
Sociétés secrètes, faits presque certains, mais dont
je n'ai pas voulu parler, n'en ayant pas les preuves
authentiques entre les mains. Telles sont, par
exemple, les causes de l'assassinat de Gustave III
(j'ai pourtant largement indiqué le rôle du duc de
Sudermanie en Allemagne), l'influence des Illuminés français sur les généraux étrangers, lors de l'invasion de la France au commencement de la Révolution. — On sait que Frédéric-Guillaume n'était
qu'à 30 lieues de Paris, lorsque les Illuminés,
dans une séance secrète, lui firent voir l'ombre du
grand Frédéric qui lui défendit d'aller plus loin.
Sa retraite resta, du reste, un fait inexpliqué. On
sait qu'il se passa aussi à Valmy des faits très-sin-
guliers et restés encore incompris.

J'ai l'espoir qu'on trouvera plus tard des documents relatifs à ces points historiques encore
obscurs — et qui s'éclairciront alors comme bien
d'autres se sont déjà éclaircis. C'est dans ce but
que j'ai cru devoir ajouter à cette étude une
liste des alphabets secrets les plus communément

employés dans les manuscrits. Ayant souvent re-
gretté de ne pas les posséder, j'espère qu'ils pourront servir à d'autres pour déchiffrer des manuscrits curieux.

Saint-Martin, 1er mars 1863.

TABLE.

—

CHAPITRE PREMIER.

DES SOCIÉTÉS SECRÈTES, POLITIQUES ET RELIGIEUSES, AVANT
LA VENUE DU CHRIST.

CHAPITRE II.

DE LA VENUE DU CHRIST A L'ÉPOQUE DES CROISADES.

CHAPITRE III.

DES CROISADES JUSQU'AU COMMENCEMENT DU XVIIIe SIÈCLE.

CHAPITRE IV.

LES SOCIÉTÉS SECRÈTES AU XVIIIᵉ SIÈCLE ET LEUR ŒUVRE.

PIÈCES JUSTIFICATIVES.

LES
SECTES ET SOCIÉTÉS SECRÈTES.
ESSAI SUR LEUR HISTOIRE.

CHAPITRE PREMIER.

DES SOCIÉTÉS SECRÈTES, POLITIQUES ET RELIGIEUSES, AVANT LA VENUE DU CHRIST.

§ Ier.

La grande légende (1).

La naissance des sociétés secrètes et des initiations se perd dans la nuit des temps ; et sans adopter les croyances des adeptes, qui leur donnent pour origine la vallée de Cachemyr et ces plateaux supérieurs d'où surgissent les mille ruisseaux qui forment le magnifique fleuve de l'Indus, ce qui paraît le plus certain, c'est que ce sont les prêtres égyptiens

(1) Voir. — Les Illuminés, récits et portraits, par Gérard de Nerval. Paris, 1852. — La Maçonnerie, considérée comme le résultat des religions égyptiennes, puis chrétiennes, par Reghelliui de Schio ; Paris

qui se sont emparés les premiers de l'idée de ces mystères si vénérés, pour en faire une institution raisonnée et en retirer tous les avantages qui les ont rendus célèbres. L'Égypte, le berceau des sciences et des arts, le fut aussi de la philosophie, comme les immenses réunions d'ouvriers rassemblés par Salomon pour la construction du temple furent l'origine des sociétés secrètes du Compagnonnage, de la Franc-Maçonnerie, etc. La grande légende de presque toutes les sociétés secrètes, des francs-maçons comme des compagnons, des illuminés comme des rose-croix, en est la meilleure preuve, et, comme elle est la base de presque toutes leurs croyances et de toutes les initiations, nous devons débuter par elle, comme étant la pierre de l'édifice.

« Salomon, fils de David, voulant construire le fameux temple de Jérusalem, qui enveloppait cette colline de Moria, où Abraham avait été sur le point

1633, 3 vol. in-8°. Catéchisme des Francs-Maçons, par Léonard Gabanon. Jérusalem, 1440, in-12. — Cours complet de Maçonnerie ou Histoire générale de l'Initiation, par Vassal. Paris, 1832, in-8°. — Manuscrit, in-4°, contenant 406 pages sur tous les mystères des sociétés secrètes, manuscrits du prince de Hesse. — Recherches sur les initiations anciennes et modernes, par l'abbé Robin. Paris, 1779. — Histoire philosophique de la Franc-Maçonnerie, par Kauffman et Cherpin. Lyon, 1850, in-8°. — Maçonnerie symbolique; explication de la pierre cubique, etc., etc., manuscrit. — Les plus secrets mystères des hauts grades de la maçonnerie dévoilés, ou le vrai Rose-Croix. Jérusalem, 1766, in-8. — Ragon, Cours philosophique et interprétatif des initiations anciennes et modernes. Paris, Berlandier, 1841. — Ragon, la Messe dans ses rapports avec les mystères et les cérémonies de l'antiquité. Paris, 1846, in-8°.

d'immoler son fils, avait réuni des légions d'ouvriers. Des fondeurs, au nombre de 30,000,
80,000 maçons, 70,000 manœuvres, etc., obéissaient à Adonhiram, ce maître étrange et mystérieux
que le roi de Tyr avait envoyé à Salomon et qui, non-
seulement chef de toutes ces légions d'ouvriers, devait aussi rester le chef de toutes les légions des travailleurs futurs. Organisant ses ouvriers comme une
armée, et la disséminant par bataillons, il la dirigeait
au moyen de 3,300 intendants, et pour ne pas ris-
quer de payer l'apprenti comme le compagnon, le
compagnon comme le maître, il avait institué des
initiations, et, pour chaque grade, des mots, des
signes et des attouchements différents. Initié probablement lui même à toutes les sciences des philosophes égyptiens, c'est lui qui jeta les bases de ces
croyances, bien propres à lui donner le pouvoir sur
ces légions d'ouvriers, et qui, renouvelées par les
Kaïnites, les Préadamites, la kabale, la médecine
spagyrique, le Thalmud, le Koran, le livre d'Énoch
et les Néo-Platoniciens, se sont répandues depuis
dans toutes les sociétés secrètes.

La race des travailleurs, des ouvriers de la pensée,
tirait son origine de l'alliance d'un des Éloïms, ces
génies primitifs, dieux Ammonéens des Égyptiens,
avec Ève, alliance d'où était sorti Kaïn, tandis que
Jéhovah ou Adonaï, l'un des Éloïms, produisant
Adam avec du limon, l'unissait à Ève, pour donner
naissance à la race d'Abel à laquelle avaient été sou-

mis les enfants de Kaïn en punition de la faute qu'Ève avait commise. Kaïn travaillait sans cesse, remuant la terre qu'il couvrait de ses sueurs, tandis qu'Abel, mollement étendu, gardait ses troupeaux. Mais Adonaï ayant rejeté les sacrifices de Kaïn, des gerbes de blé, alors commença la lutte des enfants des Éloïms, issus de l'élément du feu, avec les enfants qu'Adonaï avait engendrés du limon. Kaïn tua Abel, inventant le meurtre, et Adonaï, poursuivant ses enfants, asservit aux fils d'Abel cette race supérieure qui inventa les arts, l'industrie et les sciences. Hénoch, fils de Kaïn, apprit aux hommes à tailler les pierres, à bâtir les édifices et leur révéla le génie des sociétés; il bâtit Hénochia dont les ruines étonnent encore les races dégénérées. Irad et Maviaël, ses fils, emprisonnent les eaux et équarrissent les cèdres. — Mathusaël, son autre fils, invente les caractères sacrés, les livres du Tau et le T symbolique qui rallie les ouvriers issus des Génies du feu. — Lamech célèbre par ses prophéties inexpliquées pour les profanes, et qui fut père de Jabel qui dressa des tentes et apprit à coudre la peau des chameaux, de Jubal qui tendit le premier les cordes de la harpe et lui fit rendre des sons, de Noëma qui inventa l'art de filer et de faire de la toile; de Tubalcaïn qui alluma la première forge, réduisit les métaux, donna aux humains l'or, l'argent, le cuivre et creusa les galeries souterraines de la montagne de Kaf pour abriter sa race pendant le déluge. Mais la race de ces géants y périt, et seul

Tubalcaïn en sortit avec son fils dont la croissance s'était arrêtée. — Cependant la femme de Cham, second fils de Noé, le trouva plus beau que le fils des hommes, et de lui, mit au monde Koüs, le père de Nemrod, qui enseigna à ses frères l'art de la chasse et bâtit Babylone. Ses enfants, sous la direction du grand architecte Phaleg, entreprirent de bâtir la tour de Babel, mais Adonaï, reconnaissant le sang de Kaïn, les dispersa. Cette race de géants a disparu ; leurs descendants sont faibles et leur vie est courte, mais l'âme des Génies conserve dans leur sein sa précieuse étincelle; supérieurs aux autres hommes, ils en sont les bienfaiteurs, et seront l'objet de leurs dédains : flambeaux du savoir, organes du progrès, instruments de la liberté, ils resteront esclaves dédaignés, quoique luttant toujours. Adonhiram, issu de cette race et arrière-petit-fils de Tubalcaïn, devait donner naissance à la milice éternelle des ouvriers qui se rallieront toujours à son nom.

Cependant cet homme étonnant, qui créa ces merveilles du temple de Jérusalem, posa ces blocs énormes qui seuls subsistent encore aujourd'hui, revêtit la colonne de Moria d'une plaque d'airain, éleva des portes de 100 coudées en marbre blanc revêtu de plaques d'or, enroula, autour de ces portes, des vignes d'or dont les grappes avaient 7 pieds et ne pouvaient être portées que par 300 hommes, coula d'un seul jet cette mer d'airain de 10 coudées, avait donc organisé ses ouvriers en légion avec des initiations, des mots de passe et des signes. Le mot de l'apprenti était *Jakim*, nom d'une des colonnes d'airain à la porte du temple ; le mot des compagnons était *Boz*, nom de l'autre colonne, et le nom des maîtres était alors *Jéhovah*.

Trois compagnons, Phanor maçon, Amrou charpentier, Methousaël mineur, pour tâcher d'avoir la paye des maîtres, résolurent de demander le mot de passe de ce grade à Adonhiram, ou de l'assassiner s'il ne voulait pas le leur dire. Ils se cachèrent donc dans le temple où Adonhiram allait tous les soirs faire sa ronde, et se postèrent, l'un au Midi, l'autre au Nord, le troisième à l'Orient. — Lorsque Adonhiram, entrant par la porte d'Occident, passa devant celle du Midi, Methousaël, levant son marteau, lui demande le mot du maître ; il refuse, Methousaël le frappe ; Adonhiram chancelle d'abord étourdi, et se rappelant qu'il porte sur sa poitrine, suspendu à son cou, le triangle ou △ d'or, sur lequel étaient inscrites les règles secrètes transmises par Moïse, ainsi que le véritable nom de grand A. de l'Univers, tel qu'il était apparu sur le mont Horeb, et ne voulant pas qu'il puisse tomber dans leurs mains, arrache vivement ce △ précieux, et le jette dans le puits qui était situé au coin de l'Orient, vers le Midi ; puis il se précipite vers la porte du Nord où Phanor lui porte le second coup, après lui avoir demandé le mot de passe. Adonhiram, surexcité par la douleur, vole vers la porte d'Orient ; mais Amrou, qui y est

posté, lui crie : Si tu veux passer, livre-moi le mot
du maître. — Jamais, dit Adonhiram, et au même instant Amrou lui plonge son compas dans le corps;
il était mort. Les assassins, l'enveloppant dans un
long tablier de peau blanche, l'emportèrent sur les
bords du Cédron, y creusèrent un trou et l'y enter-
rèrent; Methousaël, arrachant une tige d'acacia, la
planta dans le sol fraîchement remué; mais pendant
ce meurtre Balkis, reine de Moared en Saba, qui
était venue voir Salomon, et qui, reconnue par Adonhiram, pour être de sa race et descendre de Koüs par
Saba frère de Nemrod et trisaïeul des Hémiarites, en
avait fait son époux secret, fuyait de Jérusalem em-
portant dans son sein les preuves de son amour.

Adonhiram était disparu depuis sept jours, et les
légions de peuple soulevé demandant justice, Salomon
ordonna à neuf maîtres de rechercher son corps.
Après dix-sept jours de recherches, trois d'entre eux,
fatigués, furent se reposer près de l'endroit où il
était enterré, et l'un d'eux saisissant la branche
d'acacia, elle lui resta dans la main; alors ils virent
que cette place avait été récemment fouillée. Les
neuf maîtres creusant la terre, l'un d'eux s'écria :
« Les coupables sont peut-être des traîtres qui ont
voulu avoir du maître le mot de passe; changeons-le. »
Il fut alors convenu que la première parole qui
serait prononcée deviendrait le mot de passe. Ils
trouvèrent le cadavre, et un des maîtres le prenant
par le doigt, la peau lui resta à la main; il le prit

par le second doigt qui resta de même ; il le saisit alors par le poignet, et la peau se séparant de même, il s'écria : « Macbenath (la chair quitte les os ;) » et ce mot devint le mot de passe, le cri des vengeurs d'Adonhiram, et pendant bien des siècles a réuni des légions de travailleurs.

Cependant l'absence des trois compagnons et les instruments du crime n'avaient laissé aucun doute sur les coupables, et le plus vieux des trois, comme le plus criminel, fut désigné sous le nom d'Abibale (meurtrier du père).—Salomon, rassemblant encore les maîtres, désigna par le sort neuf d'entre eux pour aller à la recherche des coupables. Le premier désigné par le sort, qui fut le chef de l'expédition, s'appelait Joaber. Les neuf maîtres arrivant à vingt-sept milles de Jérusalem, du côté de Joppa, près d'une caverne nommée Ben-Acar et située près de la mer, aperçurent les meurtriers et se mirent à leur poursuite. Deux d'entre eux, en fuyant, se jetèrent dans des fondrières où ils périrent, et le troisième, se voyant près d'être saisi par Joaber, se tua lui-même dans la caverne. — Les neuf maîtres coupèrent la tête des trois meurtriers et les apportèrent à Salomon qui, pour les récompenser, leur donna le nom d'élus, et, pour signe de distinction, une écharpe noire qui allait de l'épaule gauche à la hanche droite, et au bout de laquelle était un poignard à manche d'or. — Ils furent chargés de l'inspection générale des travaux, et souvent assemblés par le

roi en un lieu secret pour rendre les comptes ou
procéder au jugement de quelque maçon coupable.
— Cependant les travaux étaient près de leur fin et
il ne restait plus à Salomon qu'à consigner dans un
lieu caché les règles secrètes de Moïse et le nom du
G. A. de l'Univers, tel qu'il était apparu au mont
Horeb, sur un triangle radieux. On sait que sa pro-
nonciation était ignorée du peuple et ne se trans-
mettait que par tradition, une fois dans l'année. —
Le grand prêtre prononçait alors ce nom sacré en
l'épelant, entouré de tous ceux qui avaient le droit
de l'entendre, et pendant ce temps le peuple devait
faire le plus de bruit possible, pour éviter qu'il ne
parvînt jusqu'à lui. Salomon avait fait construire secrètement, dans le souterrain le plus mystérieux du
temple, une voûte à laquelle les maîtres seuls avaient
travaillé et au milieu de laquelle il avait placé un
piédestal triangulaire, qu'il nomma le piédestal de
toute science. On descendait dans cette voûte par
un escalier de vingt-quatre marches divisées en repos par 3, 5, 7 et 9. — Cependant, ne sachant ce
qu'était devenu le triangle d'Hiram, il le fit chercher activement par les maîtres, et trois d'entre eux,
en regardant dans le puits à l'heure de midi, virent
briller le métal, y descendirent et le portèrent à Salomon qui, faisant un pas en arrière et levant les
bras au ciel, s'écria : « Eloïn (à Dieu grâces). »
Accompagné alors des quinze élus et des neuf maîtres qui avaient travaillé à la voûte sacrée, il y des-

cendit et fit incruster le △ au milieu du piédestal, et le couvrit d'une pierre d'agate taillée en forme quadrangulaire, sur laquelle il fit graver, à la face supérieure, le nom substitué, à la face inférieure tous les mots secrets de la loi divine, et aux quatre faces latérales toutes les combinaisons cubiques de ces mots sacrés, ce qui la fit appeler pierre cubique. Devant, il fit placer trois lampes, portant chacune neuf lampions brûlant d'un feu perpétuel. — Puis Salomon prescrivit de nouveau aux élus l'ancienne loi, qui défendait de prononcer le vrai nom du G. A. de l'Univers, leur fit prêter serment de ne jamais rien révéler, et fit sceller l'entrée de la voûte dont le secret resta entre les vingt-sept élus et leurs successeurs. Après la mort de Salomon, ils continuèrent à se gouverner suivant les lois d'Adonhiram et veillèrent toujours à la conservation du temple. »

Telle est la légende des corporations qui continuèrent à poursuivre dans leurs initiations Abiram, c'est-à-dire le meurtrier, et qui, bien des siècles après, jurent encore par les fils de la veuve, c'est-à-dire les descendants d'Adonhiram et de la reine de Saba.

§ II.

Les prêtres égyptiens (1).

Ces croyances aux descendants des Éloïms et aux enfants d'Adonaï étaient aussi celles des prêtres égyptiens, confédération de philosophes réunis pour étudier l'art de gouverner les hommes, concentrer le domaine de ce qu'ils appelaient la vérité et en modérer la trop dangereuse dispersion. Pour cela, il fallait sonder, éprouver les cœurs, opposer un voile impénétrable à la curiosité, menacer l'indiscrétion et tracer autour des initiés le cercle dans lequel ils devaient se renfermer. Il fallait, pour cela, se servir du secours des prestiges et des illusions, et l'initiation était l'écueil où devaient venir se briser et l'indiscrétion et la médiocrité. Des épreuves combinées avec un art et un discernement peu ordinaires écar-

(1) Voir. — Origine de la Maçonnerie adonhiramite. Héliopolis, 1787. — La Maçonnerie considérée comme le résultat des religions égyptiennes, puis chrétiennes, par Reghellini de Schio. Paris, 1833, 3 vol. in-8°. — Manuscrit, 2 vol. in-4° contenant chacun 406 pages sur tous les mystères et les sociétés secrètes. — Recherches sur les initiations anciennes et modernes, par l'abbé Robin. Paris, 1779. — Sethos, par l'abbé Terrasson. Paris, 1813, 6 vol. in-18. — Crata Repoa, ou initiations des prêtres de l'Égypte, par Bailleul, 1831, in-8. — La Franc-Maçonnerie rendue à sa véritable origine, par A. Lenoir. Paris, 1814, — Hermès ou archives maçonniques. P., 1818-19, 2 vol. in-8°. — L'Hiérophante, par Marconis et Moultet. Paris, 1839, in-12. — Histoire critique des mystères de l'antiquité, par Guilleman de Saint-Victor. Hispahan, 1788, in-18. — Maçonnerie symbolique. Explication de la pierre cubique, etc. Manuscrit.

taient donc tous ceux qui ne pouvaient convenir à la confédération. C'est à cette politique que les Égyptiens durent leurs progrès, leurs sciences, leur pouvoir et le respect qui accompagna leurs hautes destinées.

Trois classes composaient la grande confédération des prêtres égyptiens :

1° Celle des prêtres, qui seuls pouvaient avoir commerce avec les Dieux, faire usage des prestiges et des oracles pour en imposer aux peuples.

2° Celle des grands initiés, choisis, ainsi que les prêtres, parmi les Égyptiens et pour lesquels il n'y avait rien de caché.

3° Celle des petits initiés, la plupart des étrangers auxquels on ne confiait que ce que les souverains pontifes jugeaient à propos de leur dire. Ces derniers connaissaient trop bien le cœur humain, pour négliger les moyens d'inspirer l'enthousiasme et la crainte à ceux qu'ils voulaient admettre parmi eux.

Les épreuves presque insurmontables qu'ils faisaient subir, la rigidité des devoirs qu'ils imposaient, l'éclat et la pompe qu'ils mettaient dans leurs cérémonies, tout cela contribua, sans doute, à inspirer de la vénération et de la crainte pour les mystères. Ils étaient, d'ailleurs, la partie dévote du paganisme ; là il était permis à l'homme de penser aux satisfactions de son âme, plus qu'aux intérêts de sa patrie ; il y venait se reposer et s'affranchir de son esclavage de citoyen ; là l'initié, bien supérieur au citoyen, admis par degré à la connaissance des mystères, choisi par un regard personnel du Dieu, devait avoir sa part dans la science et le bonheur terrestre que les Dieux accordaient à leurs élus.

Les mystères se dirigeaient par un conseil suprême de cinq ministres dont le chef se nommait Roi, Hiérophante ou orateur sacré, et ils se divisaient en grands et en petits mystères. Les grands ne se célébraient que tous les cinq ans, et les petits tous les dix ans, de sorte qu'il s'écoulait toujours une année entre ces deux initiations, et la célébration des grands mystères était l'initiation de ceux qui avaient été reçus aux petits, après avoir subi les épreuves nécessaires; ils se célébraient toujours après la pleine lune du septième mois.

C'est surtout à la marche secrète et invisible du conseil suprême qu'il faut attribuer l'uniformité de mouvement et de tendance de cette confédération, dont la composition embrassait tous les points de l'univers; car, dès qu'on avait connaissance d'un homme dont le génie, les talents ou la valeur avaient acquis des droits à la considération des peuples, la confédération des prêtres égyptiens employait tous les moyens possibles pour se l'attirer et l'initier. — Avec cette savante politique, elle avait attiré à elle tous les talents, et elle les faisait mouvoir au gré de son système et de ses vues. C'est à cette concentration de toutes les connaissances que les prêtres égyptiens durent cette haute considération, et l'antiquité ces prodiges qui excitent encore notre curiosité et l'admiration des savants.—Si les richesses, les immunités, les plus grands priviléges leur furent accordés, c'est que, seuls dépositaires des mystères de la religion et de toutes les sciences, le respect et la considération les suivaient partout; c'est que le prince lui-même, obligé d'être initié avant de monter sur un trône dont ils s'étaient rendus les protecteurs et les soutiens, ne puisant que chez eux les connaissances nécessaires au gouvernement, leur demeurait attaché pour son propre intérêt.

Les connaissances des prêtres égyptiens étaient immenses. Ils furent les pères de l'astronomie et de la géométrie; et l'étude de la nature leur était familière; aussi l'Égypte fut-elle le rendez-vous de tous les hommes célèbres qui trouvaient les moyens de s'y instruire.—A Thèbes, Pythagore puisa sa science des nombres et vit les fameuses sphères des Ptolémées. — A Memphis, Démocrite apprit l'art d'amollir l'ivoire et de donner au caillou la couleur et l'éclat de l'émeraude. — Orphée y puisa sa mythologie. — Platon et Eudoxe à Héliopolis se perfectionnèrent dans la morale et les connaissances mathématiques.—Lycurgue et Solon apprirent, à Saïs, tous les secrets de leur législation, et c'est là qu'Archimède prit idée de sa vis et des autres machines qu'il a inventées. — Ils avaient des salles de botanique, d'histoire naturelle et de chimie; d'autres où l'on voyait les modèles des machines qui avaient

servi à niveler le terrain de l'Égypte, et celles avec
lesquelles on avait élevé les eaux du Nil et transporté ces pierres dont les pyramides et les temples
étaient bâtis, et dont quelques-unes cubent encore,
dit-on, 500 mètres; et enfin ces immenses biblio-
thèques où étaient les livres de sciences et d'histoire, et les livres sacrés qu'on ne communiquait
qu'aux initiés. Aussi tous les monuments anciens
attestent les hautes sciences qu'ils possédèrent.
L'aspect de ces obélisques, de ces pyramides, de ce
lac Mœris, de ces vastes souterrains, étonne encore
aujourd'hui le voyageur que la curiosité appelle dans
ces contrées. Quelle puissance et quelle splendeur à
ces cérémonies des funérailles de rois et dans ce fameux labyrinthe, composé de douze palais immenses
communiquant à quinze cents chambres, dont on ne
pouvait trouver l'issue et dont toute la partie sou-
terraine était habitée par les prêtres et les initiés.

Le peuple égyptien, naturellement grossier, était
attaché à ses préjugés, et, pour le diriger, les prêtres
frappèrent ses sens plutôt que sa raison. Ils eurent
recours au déguisement et à la fiction pour captiver
son attention et pour lui inculquer les idées qu'ils
jugeaient nécessaires à sa tranquillité et à son bonheur. Ils respectèrent même ses erreurs pour les
conduire, à ce qu'ils croyaient ou voulaient faire
croire, la vérité; aussi ce gouvernement des prêtres
égyptiens offrirait-il des chefs-d'œuvre de politique,
s'il était bien connu et si sa marche et les ressorts

qu'ils faisaient mouvoir n'étaient encore en partie voilés à nos yeux.

L'initiation aux mystères secrets des prêtres égyptiens, quoique plus connue, laisse encore des lacunes, qui ont donné lieu aux discussions de bien des savants. Nous allons voir rapidement ce qui parait le plus certain.

§ III.

Initiations antiques (1).

L'initié admis dans le sanctuaire, et soumis d'abord à quatre épreuves terribles où l'obscurité, le feu et l'eau jouaient un grand rôle, s'il les surmontait, était enfin reçu parmi les prêtres, qui le portaient en triomphe comme devenu un des leurs; puis il subissait le grand jeûne de quarante et un jours, pendant lequel il pouvait, à certaines heures, converser avec les prêtres et les prêtresses, dont toute la vie s'écoulait dans ces cités souterraines. Il avait le droit de questionner et d'observer les mœurs de ce peuple mystique, qui avait renoncé au monde

---

(1) VOIR. — Origine de la Maçonnerie adonhiramite, Héliopolis, 1787. — La Maçonnerie considérée comme le résultat des religions égyptiennes, puis chrétiennes, par Reghellini de Schio. Paris, 1833, 3 vol. in-8°. — Cours complet de Maçonnerie ou Histoire générale de l'Initiation. par Vassal, Paris, 1832, in-8°. — Manuscrit, 2 vol. in-4° contenant chacun 406 pages, sur tous les mystères et les sociétés secrètes. — Recherches sur les initiations anciennes et modernes, par l'abbé Robin. Paris, 1779. — Sethos, par l'abbé Terrasson. Paris, 1813, 6 vol. in-18. — Crata Repoa, ou initiations des anciens mystères des prêtres de l'É-

extérieur, et dont le nombre immense épouvanta
Sémiramis la Victorieuse, lorsqu'en faisant jeter les
fondations du Kaire elle vit s'écrouler les voûtes
d'une de ces nécropoles habitées par les vivants.
L'initié subissait encore trois mois d'épreuves diverses où la lecture, les instructions, le jeûne et
l'exhalation des parfums hallucinatoires l'amenaient
à un degré d'enthousiasme ou d'illumination tel
qu'il était admis à voir la grande Déesse, veuve d'O-
siris, qui, tout à coup, semblait s'animer pour lui
et prendre les formes de la beauté la plus parfaite,
pour s'évanouir bientôt dans un nuage de parfums.
Admis ensuite au banquet des prêtres, il n'en sor-
tait généralement, grâce au suc du lotus, que pour
être transporté, pendant un long sommeil, à quelques lieues de Memphis, au bord du lac Caron, et
de là dans l'oasis délicieuse de Fayoum, où se renouvelaient pour lui, à son réveil, les scènes du Paradis terrestre. S'il succombait, comme Adam, aux
offres de la nouvelle Ève, qui lui apparaissait telle
qu'il avait vu Isis, la clause dernière de l'initiation

gypte, par Bailleul. 1831, in-8. — L'Hiérophante, par Marconis et
Moultet. Paris, 1839, in-12. — Histoire critique des mystères de l'antiquité par Guilleman de Saint-Victor. Hispahan, 1788, in-18. — Le
sanctuaire de Memphis ou Hermès, par Marconis de Nègre. Paris, 1850,
in-8°. — Ragon, Cours philosophique et interprétatif des initiations anciennes et modernes. Paris, Berlandier, 1841, in-8°. — Ragon, la Messe
dans ses rapports avec les mystères et les cérémonies de l'antiquité.
Paris, 1846, in-8°. — Rome et la Judée, par M. le comte de Champagny.

était rompue, et sa punition était d'errer par le
monde, en répandant les instructions qu'il avait
recues des prêtres.

L'hallucination était un des grands moyens de la
théurgie égyptienne.

L'abstinence, les breuvages, les onctions, les fumigations avaient une large part dans les procédés
de leur magie, car les images qui assiégent le cerveau de l'homme endormi ne diffèrent pas essentiel-
lement des objets dont la vue peut être affectée
dans l'état de veille; et il est des hallucinations qui
précèdent le sommeil d'un intervalle très-court,
comme il en est d'autres qui ne se manifestent qu'au
moment où ce dernier état vient de finir. Dans presque tous les genres de divination ou d'apparition,
ils agissaient sur le système nerveux à l'aide de substances réduites à l'état de gaz. — A Isis, comme à
Delphes et à Patras, les prêtres incinéraient trois
fois par jour un mélange de plantes et de résines
qui produisaient une fumée intense et excitaient
l'enthousiasme des oracles et des consultants. Aussi
semble-t-il indubitable que les nuages de vapeurs,
au milieu desquels respiraient les théurges dans leurs
temples, n'étaient pas étrangers à une partie de la
manifestation des images et des voix fantastiques
dont ils se trouvaient assaillis; l'encens y déguisait
l'action des plantes hallucinatrices. Outre les phénomènes d'optique, d'acoustique, de ventriloquie,
ces gaz, agents plus délicats, opéraient par des

moyens plus difficiles à comprendre. L'opium, le datura, la jusquiame noire, le hachich, la cannelle, le labdanum, le laurier, incinérés, formaient ces vapeurs qui occasionnaient le délire de la Pythie ou de l'initié, s'échappaient des profondeurs du gouffre de Delphes, et au besoin occasionnaient des troubles nerveux qui paralysaient l'enthousiaste. Certes, une croyance exaltée, des jeûnes prolongés, la fumée de ces plantes brûlées sur les autels, l'émotion causée par l'aspect du sang humain offert en sacrifice, suffisaient pour provoquer la transformation de la pensée en sensation, et l'usage de ces fumigations joue encore le principal rôle aujourd'hui dans la magie orientale, chez les Harvis égyptiens.

Tous les mystères semblaient donc venir d'une même source et renfermaient toute une cosmogonie et une explication de la nature première de l'homme et de son origine. Le jeûne, la continence, les interrogatoires secrets préparaient l'initié; partout des degrés divers, des épreuves redoutables conduisaient le postulant à l'instant solennel de la manifestation des lumières, où l'hiérophante lui révélait les plus hautes clartés de sa doctrine; cette croyance aux Dieux ammonéens, aux Eloïms, génies du feu dont Adonaï ou Jéhovah n'était que l'un d'eux, cette lutte des enfants des Eloïms contre les fils d'Adonaï engendrés du limon, l'immolation d'Osiris, la dispersion de ses membres, les douleurs et les recherches d'Isis, son succès et sa joie. Partout apparaissait le

génie impur du paganisme ; car, outre leurs sens
historique et cosmogonique, toutes ces fables avaient
leur sens obscène, et ces fêtes nocturnes et souterraines auxquelles on se préparait par la continence,
étaient pleines de chants et de cérémonies impures.
Quant au dogme le plus intime, il en était probablement de ce secret comme de beaucoup de secrets
pareils, qui ne sont importants que par la difficulté
de les pénétrer. — C'est un fait et une volonté plutôt qu'une idée et une doctrine, qui gouvernent les
sociétés de ce genre, et, par cela même que le dernier mot reste secret, il peut changer plus facilement au gré de celui qui le garde. Le vulgaire des
initiés en restait à l'écorce, à la partie extérieure
des mystères, et on faisait probablement bien de l'y
laisser, car souvent, en pareil cas, le symbole vaut
mieux que le mythe.

Les idées de mystère, de magie, d'invocation des
morts et des esprits étaient tellement puissantes à
cette époque, que les esprits les plus sages n'y pouvaient résister, et que les plus grands génies et philosophes des anciens temps s'y laissaient entraîner,
et venaient presque tous, comme les philosophes
grecs, se faire initier en Égypte. Salomon lui-même,
après toute une vie de sagesse, s'était laissé entraîner
par les croyances des Mages, des Nicausis, des Hiram,
et s'était livré à toutes les folies de la magie, de
l'évocation des esprits, et de là, à tous les vices,
élevant des temples à Astarté et à Molock.

Orphée, qui, sur la renommée de son talent, avait été appelé à subir les initiations, manqua les épreuves. Admis, grâce aux accents de sa lyre, à les recommencer, il les manqua de nouveau, et perdit définitivement sa fidèle Eurydice, qui lui avait été enlevée pendant les épreuves. Réduit à la pleurer dans l'exil, il fonda les mystères des Cabires de Samothrace et fut lapidé, dit-on, pour avoir révélé à ses initiés les dogmes sur Dieu, le monde et la cosmogonie.

Triptolème, venu se faire initier en Égypte, fonda, à Eleusis, ces fameux mystères de Cérès qui n'étaient guère que la reproduction des mystères d'Isis et ne différaient que par les noms propres du culte Cabirique. Les petits et les grands mystères faisaient de l'initié un mythe, puis un éphore ou voyant; mais la négation épicurienne et le panthéisme stoïque venant s'y mêler, la théologie d'Éleusis, qui avait fait des anciens dieux, des forces et des éléments, finit par devenir une mauvaise physique, et lorsque l'initié, purifié par le jeûne et la prière, était parvenu à la nuit redoutée de l'initiation; lorsque la statue de Cérès lui était apparue au milieu d'un nuage de parfums, toute resplendissante de clarté, la poésie de la religion qu'il invoquait disparaissait peu à peu, ses beaux songes devenaient un lourd panthéisme, les éléments étaient les seuls vrais dieux, et les poétiques visions de ses nuits d'initiation s'évanouissaient petit à petit pour le mener au scepticisme.

Pythagore, qui, pendant son séjour en Égypte, avait été initié aux mystères de Bacchus et ensuite à ceux d'Orphée en Samothrace, jeta les bases des associations mystiques du Liban.

Moïse seul, élevé à la cour de Pharaon, au milieu des prêtres égyptiens, initié bien certainement par eux, ayant manqué l'initiation suivant les uns, mais plus probablement révolté de ce qu'il avait vu, désenchanté de ces tristes révélations, rebelle à toutes ces croyances et à toutes ces fourberies, se vit choisir par Dieu pour conduire le peuple hébreu, le soustraire à ces croyances, et jeter dans ses écrits les bases de la religion chrétienne.

Quant aux philosophes grecs, en transportant d'Égypte en Grèce les sciences et la civilisation des Égyptiens, ils les modifièrent. A peine les dieux égyptiens eurent-ils touché les rivages de la Grèce, qu'ils se transformèrent ; le sens allégorique se perdit et le mythe effaça l'idée. Les dieux ne sont plus des éléments, mais des hommes qui marchent et respirent ; l'homme n'est plus un atome du grand Dieu, et les longues migrations de la métempsycose n'aboutissent plus à une fusion de l'être partiel dans l'être total : à une religion despotique qui s'imposait à l'homme, se substitua une religion familière et commode faite à sa hauteur et avec laquelle il se joua. La philosophie grecque, qui portait déjà atteinte au culte privé et aux traditions des mystères, allait bientôt discréditer le culte public et la mythologie officielle.

C'est au milieu de toutes ces croyances bizarres, de ces mystères religieux qui menaient généralement l'initié au scepticisme , de ces mystères en quelque sorte politiques, dont les bases avaient été jetées par Hiram, et qui, sentant déjà la lutte du travailleur contre le riche, se renouvelèrent plus tard sur les mêmes bases, que nous arrivons à la grande époque du Christ, époque unique dans l'histoire, où, hors le judaïsme même, tous les peuples étaient dans l'attente d'un libérateur, d'un rédempteur.

CHAPITRE II.

DE LA VENUE DU CHRIST A L'ÉPOQUE DES CROISADES.

***

§ Ier.

Naissance du Christ et état du monde à cette époque (1).

Au moment où Auguste naquit dans l'obscure famille Octavia, tous les pronostics annonçaient que la nature était en travail pour enfanter un maître au genre humain. Les oracles des Sibylles circulaient parmi tous les peuples, et Octave en faisait brûler plusieurs milliers. Toutes ces prophéties annonçaient le renouvellement du monde, après la ruine des cités étrusques, et l'Étrurie venait d'être ruinée par Sylla. On annonçait à Tibère, dans des révélations mystérieuses, « que le grand Pan vient de mourir, » et Virgile, écho des bruits de son temps, dans un chant inspiré, annonça que les derniers

---

(1) Voir. — Rome et la Judée, par M. le comte de Champagny. — Les Césars, par M. le comte de Champagny. Paris, 1853.

temps des oracles de Cumes sont venus, et qu'un
enfant descendu du ciel, un fils des dieux, petit enfant nouveau-né, viendra effacer les dernières traces
des iniquités humaines. — Les oracles de Rome
lui annonçaient que la nature est en travail pour lui
enfanter un roi, et le sage Platon conseille d'attendre
et de différer les sacrifices, jusqu'à ce que Dieu ou
un envoyé du ciel vienne les instruire de leurs devoirs envers les hommes et envers la Divinité.

En effet, le grand Pan était mort; le panthéisme
avait reçu le coup mortel; l'adoration de tout, le
culte de tout, allait faire place à la religion de l'unité
créatrice; le panthéisme était averti de sa ruine,
oubli chez les peuples, crainte et hostilité des rois
et inspiration éteinte. L'oracle de Tyr a cessé, la
Pythie de Delphes ne veut plus parler; Jupiter Am-
mon ne rend plus d'oracles, l'oracle de Mopsus est
décrié, celui d'Adreste a cessé; le gouffre de Delphes
ne rend plus ses exhalaisons prophétiques; les Génies, suivant Plutarque, les ont tous abandonnés;
c'est que partout apparaissait l'inanité du paganisme défiguré par le mélange des traditions diverses; les peuples invoquaient déjà un Dieu, comme
Athènes et Rome qui, un jour de tremblement de
terre, avaient adressé leurs prières à Dieu. Auguste
avait beau faire la police des prophètes, cacher dans
des boîtes d'or, sous le piédestal d'Apollon Palatin,
les oracles des Sibylles, l'humanité tout entière
possédait, sans en avoir conscience, un de ces instincts

prophétiques qui remuent toujours le monde à la veille de quelque grand événement.

Dans le peuple juif, l'attente était bien plus grande encore; tous leurs prophètes leur avaient annoncé la venue du Christ. Jacob avait dit : « Le sceptre ne sortira point de Juda, et le législateur d'entre ses pieds, jusqu'à ce que vienne le Messie, et les peuples s'assembleront autour de lui. » — Daniel s'était écrié : « Soixante-dix semaines d'année sont abrégées sur ton peuple et sur ta ville sainte, jusqu'à ce que la prévarication soit commencée et que le péché prenne fin, et que l'iniquité soit détruite, et qu'arrive l'éternelle justice, et que la vision et les prophéties s'accomplissent, et que le saint des saints reçoive l'onction. Sache donc et sois attentif : du jour où sera publiée la parole qui ordonnera de rebâtir Jérusalem, jusqu'au Christ chef, il y aura sept semaines et soixante-deux semaines. » Et l'époque était arrivée. Élie avait annoncé que, dans la quatre-vingt-sixième semaine jubilaire, paraîtrait le fils de David et la quatre-vingt-quatrième semaine était écoulée ; enfin, selon la tradition des Rabbins, le monde devait avoir six mille ans : deux mille ans de vide, deux mille ans de la loi et deux mille ans du Messie ; or, les deux mille de la loi, à compter d'Abraham, finissaient. Enfin, dans les synagogues, l'attente était telle, que la prière invoquait l'arrivée du Messie pour délivrer son peuple. — Siméon ne veut pas mourir sans avoir vu le Christ du Seigneur

et, à l'arrivée de Jean, tout le monde lui demande
s'il n'est point le Messie.

Le Messie était venu, mais autre que tous ces peuples ne l'avaient rêvé, humble, dégagé des sens, tout
spirituel et tout céleste, et non tel qu'ils s'obsti-
naient à le chercher, superbe et puissant ; et les apôtres de la doctrine future du monde n'étaient même
point de ces Juifs d'Alexandrie et de Grèce, savants
philosophes, en communication avec le monde entier, pas même des docteurs de la loi, mais de simples pêcheurs galiléens, d'une province presque
inconnue, gens de la plèbe pour qui tout le passé
de l'esprit humain était perdu. C'étaient le pêcheur
Simon, le publicain Mathieu et ces pauvres mariniers du lac de Génésareth, qui allaient prêcher une
doctrine, à l'encontre de l'idolâtrie tout entière, du
panthéisme, des mille superstitions d'alors, du luxe
et de la débauche poussés au dernier excès, doctrine
enseignant l'unité de Dieu, la pureté du culte, la
pauvreté, la souffrance, l'abnégation, l'oubli et l'immolation de soi-même, proclamant tous les devoirs,
à l'époque où tous étaient méconnus, exaltant toutes
les vertus, quand tous les vices étaient adulés ; et
toute cette doctrine allait être prêchée hautement,
sans mystère ; elle disait au monde, comme saint
Paul à Agrippa : « Je parle sans crainte devant toi,
rien de tout ce que je rappelle ne peut être inconnu,
car rien de tout cela ne s'est passé dans l'ombre. »
Ce n'était pas là la doctrine secrète des Isis, des

Cérès, des Adonhiram ; elle vivait en plein jour, parlait et prêchait en face de tous, et cependant cette doctrine, à laquelle personne ne pensait au temps d'Auguste, quarante ans plus tard, sous Néron, avait des disciples par milliers, et quatre cents ans plus tard, était maîtresse du monde ; et cela à l'époque de Claude et de Néron, à l'époque la moins poétique, la moins primitive, à la plus corrompue de toutes les époques.

Alors va recommencer la grande lutte de tous les siècles ; le polythéisme et la magie, l'impureté qui en sort, la haine entre les classes d'hommes ; tous ces vieux restes de l'idolâtrie vont continuer le combat plus violent à certaines époques, quoique toujours renversés par la simple doctrine des pauvres mariniers de Génésareth.

§ II.

Les hérésiarques et la lutte de l'Église contre eux (1).

Mais, en même temps que les persécutions, allaient surgir les faux prophètes ; trop d'éléments impurs étaient entrés dans l'Église avec ses milliers de néophytes, pour qu'elle ne fût pas passée au crible, soit par les persécutions qui en détournaient les apostats, soit par les hérésies qui augmentaient sa

______

(1) Voir. — Rome et la Judée, par le comte de Champagny. — Les Césars, par le comte de Champagny. Paris, 1853. — Les Illuminés, par Gérard de Nerval.

force en n'y laissant que les vrais fidèles. Parmi tous
ces hérésiarques, le plus célèbre est Simon, le père
de toutes les hérésies futures, celui qui devait lé-
guer au monde nouveau le culte des mystères et
des croyances impures du paganisme. Il a d'abord
exercé la magie, et, étonné des prodiges des apôtres,
il a voulu être reçu par eux; mais il n'a vu dans le
christianisme qu'une magie supérieure, et quand, se
démasquant, il a voulu acheter à Pierre le pouvoir
de l'apôtre, celui-ci s'est écrié : « Que ton argent
soit avec toi en perdition, puisque tu as cru acheter
avec des richesses les dons de Dieu; fais pénitence,
car je vois que tu es dans les liens de l'iniquité; mais
Simon a continué, il est devenu magicien, faux prophète; il a pris un peu de toutes les doctrines, a
mêlé le paganisme, le judaïsme et le christianisme,
et pour lui, comme pour tous les autres hérésiarques, sa pierre d'achoppement sera son point de dé-
part, le dogme de la création. Il a donc fait du
Créateur un feu mystique d'où sortent le bien et le
mal, et une étincelle de ce feu céleste, Épinoïa, la
pensée, erre d'âme en âme par la transmigration
d'un corps dans un autre. Créant six dieux, six Éons,
puis les anges et les puissances intermédiaires entre
l'homme et le feu mystique, il explique le livre de
Moïse, l'Évangile, y mêle la mythologie d'Homère,
et, pour couronner le tout, retrouve son Épinoïa
dans une prostituée, au nom de laquelle il donne
le baptême, et finit, pour satisfaire les imaginations

païennes, par se faire adorer sous la forme de Jupiter. Enfin, comme la plupart des sectes gnostiques dont elle fut la base, la religion de Simon eut une doctrine secrète, des mystères, et ce qui s'y passait était, pour les initiés, un sujet d'étonnement et d'effroi ; le paganisme y renaissait complétement et l'idolâtrie s'y montrait tout entière.

Cependant Simon jeta les bases de presque toutes les sectes futures, et son hérésie s'adressant à de tristes mais éternels instincts du cœur et de l'esprit, la recherche des mystères de la création, la possession possible d'une partie de la puissance divine, se perpétua et se perpétuera pendant des siècles. — Dès le commencement, il donnera naissance à la secte du magicien Ménandre ; puis à celle des Nicolaïtes qui, après avoir créé une Épinoïa comme Simon, aboliront le mariage, institueront la communauté des femmes et enfanteront, enfin, toutes les abominations et toutes les folies. Cérinthe vint ensuite, puis Apollonius, auquel Caracalla et Sévère bâtirent des temples et dont Sidoine Apollinaire, au ve siècle, parlera encore avec admiration, lorsqu'il n'y aura plus guère que quelques magiciens qui feront leurs sortiléges en son nom. Si la haine de l'Ancien Testament, la méconnaissance d'un Dieu créateur, la réprobation du monde créé, la lutte entre l'humanité, toutes ces croyances qui se reproduisirent après Simon, sont presque toutes repoussées aujourd'hui, Simon, par le gnosticisme et le mani-

chéisme et leurs sectateurs, n'en a pas moins régné pendant plus de mille ans sur une bonne partie de la pauvre humanité. C'est qu'au delà de toute théologie un
peu régulière s'élançait un mouvement de superstition universelle et populaire, dont les esprits même
les plus illustres étaient saisis. L'astrologie, cette superstition des athées, était celle du peuple, des
grands et des Césars, comme la magie à laquelle Néron immolait des hommes. Les dieux eux-mêmes,
chez ces païens, ne venaient qu'après la magie et l'astrologie; mais ce qui dominait surtout alors, c'était
l'idée de la possibilité d'une communication fré-
quente et directe de l'homme avec les démons, êtres
intermédiaires entre l'homme et Dieu, chéris des
Marc-Aurèle, des Apulée et plus tard des Néo-Platoniciens et des Rose-Croix. Ces esprits, doués
d'une vie plus longue et d'une puissance plus grande
que celle de l'homme, ardents au bien ou au mal,
selon qu'ils sont bons ou mauvais démons, commu-
niquent avec la race humaine, mauvais par des
voies secrètes et impures, bons par des voies pieuses
et avouées. Par la magie, les sortiléges, les incanta-
tions ténébreuses, par les immolations souvent ho-
micides, l'adepte des sciences occultes réjouit les
mauvais démons, écarte les bons, commande à la
nature et évoque les morts; par des moyens plus
purs, mais plus difficiles, le sage communique avec
les démons bienfaisants, et peut arriver ou en devenir un lui-même.

Il y avait donc déjà, dans ces croyances, un double mysticisme, l'un qui avait pour lui les sages et qui était prôné par les philosophes, l'autre qui avait des sanctuaires cachés, des mystères; il était repoussé de l'école et de l'autel, mais il attirait tout le peuple. Les Juifs et surtout les Pharisiens allaient par le monde exorcisant au nom de Salomon dont la renommée magique s'était conservée dans tout l'Orient, et avec la bague sous le chaton de laquelle était la fameuse racine de Salomon, ils s'efforçaient de faire sortir le démon des possédés.

Philippe, saint Paul, Barnabé, etc., luttèrent contre tous ces magiciens, et c'est à Rome qu'eut lieu entre Simon et les apôtres la lutte célèbre où l'imposteur succomba et vint ensuite mourir aux pieds de Néron. C'est que les esprits vivaient alors dans un trouble étrange et que le christianisme n'avait pas encore popularisé le bon sens dans la race humaine; aux ébranlements du dehors venaient encore s'ajouter les troubles intérieurs. Entre les magiciens, les philosophes, les pythagoriciens, les possédés et les exorcistes, le panthéisme croulant de toutes parts, le christianisme naissant, le Capitole en flammes et Jérusalem qui va tomber, que pouvait-il rester de bon sens dans le cerveau des humains? — Le monde, qui, au temps d'Auguste, était dans l'attente de sa rédemption, sous Vespasien était dans l'inquiétude et à la recherche de ce qu'il n'avait pas voulu voir.

Contre toutes ces hérésies et ces novateurs, Dieu s'était réservé saint Jean qu'il fit vivre plus d'un siècle, pour que l'Église troublée pût s'adresser à lui, et quand toutes ces sectes s'élevèrent, niant la création du monde par la main de Dieu, toutes les Églises chrétiennes députèrent au vieillard, le dernier des apôtres. Jean, ordonnant, alors, le jeûne et les prières, se lève sous l'inspiration divine, et l'aigle évangélique lance alors cette magnifique révélation du mystère divin : « Au commencement était le Verbe, et le Verbe était en Dieu, et le Verbe était Dieu, toutes choses ont été faites par lui et sans lui, rien a été fait de ce qui a été fait. » Et cependant nous verrons, plus tard, ce fidèle apôtre servir de drapeau à un nouveau schisme autrement puissant et caché, et devenir le patron des sociétés secrètes qui l'invoqueront comme leur fondateur.

Au milieu de toutes ces hérésies contradictoires et diverses, l'Église restait inébranlable. Mais l'esprit impur du paganisme subsistait toujours et se propageait, caché dans les sectes et les sociétés secrètes, pour reparaître de temps en temps plus vivement, se faisant tantôt plus religieux, tantôt plus politique, suivant l'époque, et s'enveloppant toujours des mystères et des initiations antiques.

Bientôt contre le christianisme vont lutter toutes les sectes du gnosticisme, dont un des principes généraux dominant tous les autres était : que la doctrine du Sauveur envoyé par le Dieu suprême pour arracher le monde à une loi et à un empire injustes a été mal saisie et mal rendue par ses partisans primitifs, les auteurs des évangiles et des épîtres, et que les gnostiques, les seuls qui, par suite d'une tradition directe, connaissent la vraie science, peuvent seuls aussi la transmettre à leurs disciples ; les unes, parmi ces sectes, feront une nouvelle théogonie égyptienne avec trente Génies, ou comme les Ophites, simplifiant ce système, feront deux messies de Jésus et du Christ, et faisant passer les âmes à travers les régions planétaires, renouvelleront les cérémonies et les mystères de l'initiation égyptienne avec le serpent pour principal symbole. Les Kaïnites qui sortiront des Ophites, reprenant les croyances d'Adonhiram, feront de Kaïn et de ses descendants, de tous ceux regardés comme les adversaires du Dieu des Juifs, les travailleurs et les prolétaires, des hommes saints, adorateurs du vrai Dieu, du principe suprême, et persécutés comme tels par le jaloux Jéhovah.

Ils seront dépassés encore par les Adamites qui, se faisant, eux, adversaires de toutes lois, prêcheront une loi naturelle, accordant indistinctement à tous les hommes un droit égal sur tous les biens de la nature, le communisme.

Contre des aberrations pareilles, l'État comme l'Église dut s'alarmer. Une fois l'insurrection contre le principe qui avait créé le monde et contre toutes les lois établies en son nom, enseignée comme un principe de salut et de retour à l'Être suprême, il n'y avait plus de règle pour la raison, plus de lien pour la conscience ; la pensée la plus audacieuse conduisait à la vérité et la passion la plus impie devenait légitime. Aussi les plus illustres docteurs et évêques de l'Église, saint Clément, Origène, Tertullien, saint Augustin, luttèrent-ils avec la plus grande énergie contre toutes ces sectes, et cependant à peine succombèrent-elles sous l'effet des mesures ecclésiastiques et politiques de Constantin et de ses successeurs, et elles se maintinrent toujours existantes, mais cachées en Orient, pour revenir infester l'Europe au grand mouvement des croisades, et se continuer jusqu'à nos jours, sous mille formes diverses.

D'un autre côté, le sectaire Manès, vers le IIIe siècle, composant une nouvelle doctrine avec la religion de Zoroastre mêlée à plusieurs croyances des Gnostiques, faisant créer le monde par deux principes, l'un bon, l'autre mauvais, rejetant l'Ancien Testament et n'admettant Jésus-Christ que comme prophète divin, vint inonder la Perse, l'Inde et même la Chine de sa doctrine, et donna naissance à une foule de sectes, les Pauliciens, les Bogomiles, les Albigeois, contre lesquelles luttèrent encore et l'Église et les empereurs.

Pour achever le désordre religieux de cette triste époque, Arius vint, vers l'an 300, jeter les fondements d'une nouvelle secte. Combattu violemment par saint Athanase et saint Alexandre, condamné par les conciles, anathématisé et exilé, il parvint à se concilier la faveur de l'empereur Constantin, et, après sa mort, sa doctrine, vivement protégée par Constance et ses successeurs, fut presque étouffée par Théodose; mais, adoptée par presque tous les barbares qui envahirent l'empire romain, elle s'éteignit à peu près en 660 par l'abjuration d'Arrebert, dernier roi arien des Lombards, et ne se reproduisit que plus tard, après la réforme, sous Servet et Socin.

Julien l'Apostat vint causer de nouvelles épreuves à l'Église. Élevé dans la religion chrétienne, mais séduit, pendant son séjour à Athènes, par la magie, les mystères et le culte des faux dieux et dévoré du désir de connaître l'avenir, d'abord gouverneur des Gaules et César, établi dans sa ville de Lutèce, dans ce palais dont on voit encore les restes, à peine fut-il devenu empereur, par la mort de Constance, qu'il abjura le catholicisme et devint son adversaire d'autant plus redoutable, que, sans ordonner de persécutions sanglantes, il lui fit une guerre acharnée. Il ruina les églises, dont il donna les dépouilles aux soldats, révoqua tous les priviléges concédés aux chrétiens, releva les temples et les idoles, donna les charges publiques aux plus cruels ennemis de la foi, et voulant convaincre de faux la prédiction du Christ sur le temple de Jérusalem, il entreprit de le faire rebâtir; mais tous ceux qui y travaillèrent périrent dans les flammes, et il fut obligé d'y renoncer : « Tu as vaincu, Galiléen, » s'écriait-il en tombant sous les flèches des Perses.

En effet, l'Église allait marcher d'un pas plus sûr; triomphante du paganisme, elle allait travailler à construire l'édifice féodal; mais elle ne pouvait comprimer et détruire de suite l'esprit des coutumes anciennes, ni les idées philosophiques qui avaient transformé le principe païen à l'époque de la réaction polythéiste de Julien; aussi le culte païen survécut-il longtemps aux conversions mêmes des peuples. Le respect des populations pour certains endroits consacrés, pour les ruines des temples et pour les débris mêmes des statues obligea les prêtres chrétiens à bâtir la plupart des églises sur l'emplacement des anciens édifices païens. — Partout où l'on négligea ces précautions et notamment dans les lieux solitaires, le culte ancien continua, comme au Saint-Bernard, où l'on honorait encore au siècle dernier le Dieu *Jou* à la place de l'ancien temple de Jupiter, et même à Paris, où, au XIe siècle, on rendait encore hommage à une statue d'Isis laissée par mégarde sous le porche de Saint-Germain-des-Prés, ce qui obligea l'archevêque de Paris de la faire jeter dans la Seine. A Quenpilly, en Bretagne, on adorait encore une vieille idole d'Isis, et dans une partie de l'Alsace et de la Franche-Comté on a conservé un culte pour les Mères qui ne sont autres que les grandes déesses Cybèle, Cérès et Vesta.

Au Nestorianisme, qui, vers le vi[e] siècle, s'étendit dans la Perse et dans l'Inde, et dont les sectateurs prirent le nom de chrétiens de saint Thomas, succéda bientôt en Orient la grande secte des Ismaéliens qui, enveloppant ses croyances d'une doctrine mystérieuse et expliquant par des allégories le dogme de l'Islamisme, créait dans la Perse et la Syrie une franc-maçonnerie d'après les anciens dogmes modifiés ou renouvelés, et donnait naissance à la secte des Ismaéliens de l'Est ou Assassins dont je parlerai tout à l'heure, et aux Druzes, leurs héritiers. Bientôt aussi allait prendre naissance un ordre fameux, dont les principes, aussi violemment attaqués par certains historiens que défendus par d'autres, allaient être longtemps un problème pour eux, et sur lequel j'espère jeter un jour nouveau, grâce à de nombreux documents inédits ; mais, avant d'aborder l'histoire de l'ordre du Temple, examinons quel était l'état des esprits en ce moment en Europe.

§ III.

État de la société au moyen âge (1).

L'astrologie, l'alchimie, la magie recommençaient à régner et dominer de nouveau dans toute l'Europe,

(1) Voir. — Les Illuminés, par Gérard de Nerval. — Annales magni Galliarum de Thory. P., 1812, in-8. — Manuscrit, 2 vol. in-4°, conte-

principalement dans le Midi. Toute l'antique hiérarchie des dieux païens retrouvait sa place dans ces
croyances. Divisés en quatre classes, les Sylphes
pour l'air, les Salamandres pour le feu, les Ondins
pour l'eau, les Gnomes pour la terre, ils étaient
supposés avoir quitté la terre, comme trop dangereuse pour eux, après l'établissement du règne du
Christ, et s'être relégués dans les astres qui leur furent de tout temps consacrés.

Cette opinion régna pendant tout le moyen âge
chez les cabalistes les plus célèbres, et particulièrement chez les astrologues, les alchimistes et les médecins; c'est ce qui explique la plupart des conju-
rations fondées sur les invocations astrales, les ho-
roscopes, les talismans et les médications soit de
substances consacrées, soit d'opérations en rapport
avec la marche ou la conjonction des planètes. —
Des Israélites convertis furent les premiers qui, vers
le xie siècle, essayèrent d'infuser dans le catholicisme des hypothèses fondées sur l'interprétation
de la *Bible*, en remontant aux doctrines des Esséniens et des Gnostiques; aussi, à partir de cette
époque, le mot *cabale* résonne-t-il souvent dans les
discussions théologiques.

nant chacun 406 pages sur tous les mystères et les sociétés secrètes.
— Des Sociétés en Allemagne et autres contrées, de la secte des illuminés, du tribunal secret de l'assassinat de Kotzebue. Paris, Gide,
1818, in-8°. — La Vérité sur les Sociétés secrètes en Allemagne. Paris,
Dalibon, 1819. — Manuscrits du prince de Hesse (en ma possession).

C'est aussi à cette époque que l'on voit renaître, d'une manière importante, les associations d'ouvriers et les initiations d'apprenti, de compagnon et de maître, qui dataient déjà de Salomon. C'est de Lombardie que partirent ces premiers maçons constructeurs, qui allaient couvrir l'Europe de ces admirables basiliques, si remarquables par leur élégance et leur uniformité. Ayant obtenu le privilége exclusif d'exécuter certains travaux d'architecture, pour éviter toute concurrence ils tenaient leurs procédés secrets et exigeaient un long noviciat, une initiation et des mots de passe. Héritiers des doctrines d'Adonhiram, ils se bornaient encore à la maçonnerie matérielle.

Depuis le VII\ siècle jusqu'au XI\, les souverains de France, d'Allemagne et d'Angleterre firent venir d'Italie des moines, pour élever les églises, les cloîtres et autres grands édifices; ces moines, réunis en corporation, obtenaient d'eux facilement des priviléges et des immunités. — Pour se procurer les ouvriers qui leur étaient nécessaires, ces moines établissaient des confréries ou réunions qui, suivant le XV\ chapitre du concile de Nantes (en 895), étaient déjà en usage en France et en Angleterre dans le IX\ siècle; ces sociétés d'architectes libres étaient donc déjà très-anciennes. On dit que la première confrérie de ce genre établie en Allemagne fut celle de St.-Voght ou St.-Guy, fondée en 1084, par Marquand, abbé de Corverf, et dans laquelle étaient

engagés beaucoup d'excellents ouvriers pour bâtir
la cathédrale. Mais, outre les moines, des laïques
exerçaient aussi la haute architecture, et, réunis en
corporations d'architectes, voyageaient d'un pays à
l'autre, recevant des papes des lettres d'indulgence,
et obtenant, des souverains, des priviléges, et même
souvent des tribunaux indépendants.—Ils n'avaient
aucun séjour établi ou privilégié, et allaient d'une
ville à l'autre comme architectes libres. Ainsi,
Hugues de Libergier, maître architecte libre, fit bâtir St.-Nicaise en 1029, où il est enterré. — Eroïn
de Steinbach jeta les fondements du Munster, à
Strasbourg. — Hinz de Cologne lui succéda dans
ces immenses travaux qui durèrent 164 ans. La corporation, pour attirer des maîtres habiles, obtenait
un tribunal particulier et indépendant, et avait à
côté de la cathédrale sa grande loge, où elle gardait
ses statuts secrets. La grande loge de Strasbourg
eut bientôt des loges subordonnées dans l'Allemagne, et jusqu'en Hongrie. Les ouvriers du pays qui
travaillaient sous les ordres de ces maîtres maçons
s'y instruisaient, devenaient, petit à petit, maîtres,
et, désireux d'acquérir les mêmes libertés, ils se joignaient aux corporations établies, sous le nom de
maçons acceptés. — Ces corporations avaient leurs
secrets de métier, leurs traditions datant toujours
du temple de Salomon, et certaines doctrines qu'ils
avaient apprises des moines leurs premiers maîtres
et des communautés antagonistes de l'Église, et

qu'ils avaient puisées dans leurs voyages, ainsi qu'on peut le voir dans l'examen maçonnique du temps de Henri VI (1425) et dans l'ancien rituel anglais de 1450.

Ils passèrent en Gaule vers 600, de là en Allemagne, à la suite de Charlemagne (où, changeant bientôt d'objet et de but, ils donnèrent naissance aux tribunaux secrets), puis en Angleterre, où ils débutèrent par les cathédrales de Cantorbéry, Rochester. St.-Paul, St.-Pierre de Westminster, etc... En 924, le roi Aldestan leur donna, comme président, son frère Edwin, qui prit le titre de grand-maître des frères maçons, et établit à York le chef-lieu de la corporation, sous le titre de grande loge; mais, déjà à cette époque, des personnages, étrangers à la construction des bâtiments, s'introduisirent parmi eux, des princes, des hommes illustres, étant admis frères maçons, ne tardèrent pas à en changer, en modifier les idées. Les maçons constructeurs s'établirent en Écosse en 1150, et fondèrent leur grande loge de Kilwinning, qui deviendra plus tard la Loge mère. A mesure que d'autres sociétés secrètes viendront se fondre dans cette grande association, les formes, les cérémonies et le but se modifieront peu à peu; mais des frères maçons, il restera toujours des traces, telles que le nom, les mots, les signes et les décorations.

§ IV.

Les Alchimistes et leurs croyances (1).

C'est alors que vont devenir célèbres tous ces grands médecins et fameux naturalistes du moyen âge, qui s'étaient plus ou moins rattachés aux doctrines des Alexandrins, et avaient subi l'influence du mouvement philosophique causé en Italie par l'arrivée de tant de savants illustres, exilés par la prise de Constantinople, et qui, étudiant de nouveau les Plo-

(1) VOIR. — Manuscrit du duc d'Orléans. — Abrégé de la doctrine de Paracelse. — Paris, 1724, in-12. — L'Alkaest ou dissolvant universel de van Helmont, par Lepelletier de Rouen. 1704. — Archives mitohermétiques. Paris, 1780, 1 vol. in-8°. — Dom Calmet, Traité sur les apparitions des Esprits et des Vampires. Paris, 1791, 2 vol. in-12. — Clef du grand œuvre. Paris, 1776, in-8°. — Génies, gnomes irréconciliables, par l'abbé de Villars. Londres, 1742, 2 vol. — Les secrets les plus cachés de la philosophie des anciens, par Crosset de la Haumerie. — Paris, 1772, in-12. — Dictionnaire hermétique. Gaston Ledoux. Paris, 1695, in-12. — Magie magnétique, etc., par Calsagnet. Paris, 1854, in-12. — Essai sur les erreurs et les superstitions, etc., par Castelhon. Francfort, 1766, 2 vol. in-8°. — La Lanterne des sages d'Hermès trismégiste, etc., in-8° — Le Monde enchanté, par F. Denis. Paris, 1843, in-18. — La Clavicule ou Clef de Salomon, etc., 2 vol. in-4°, manuscrit. — Les œuvres de B. Van Helmont. Lyon, 1671, in-4°. — Les œuvres du Cosmopolite. Paris, 1723, in-12. — Bibliothèque des philosophes chimiques, etc. Paris, 1672-78, 2 vol. in-12. — La Clef des grands mystères, par El. Lévi. Paris, 1861, in-8°. — La Magie et l'Astrologie dans l'antiquité et le moyen âge, par Al. Maury. Paris, 1860, in-12. — Testament de Basile Valentin ; in-4°, manuscrit. — Le Grand Livre de la nature, etc., par une société de F. M., 1790. — Vie d'Apollonius de Tyane. Amsterdam, 1779, 4 vol. in-12. — L'Alchimie et les alchimistes, par A. L. Figuier. — Les Lavures de Nicolas Flamel. Manuscrit. — Tuileur de 33 degrés du rit ancien accepté. Paris, 1813, in-8°.

tin, les Proclus, les Porphyre, premiers adversaires
du christianisme naissant, donnaient une formule
nouvelle à ce qu'on appelait les sciences occultes.
— Quelles étaient les idées et les croyances de ces
célèbres cabalistes et philosophes hermétiques, les
Bekker, Philalète, Albert le Grand, Paracelse, Ar-
naud de Villeneuve, Raymond Lulle, N. Flamel,
Roger Bacon, etc.? Ils ont tellement dissimulé leurs
pensées dans leurs ouvrages, écrits de façon à être
devinés par leurs adeptes et incompris du vulgaire,
qu'en voyant l'obscurité et l'incohérence qui y rè-
gnent, il me paraît impossible d'admettre que des
esprits supérieurs et instruits comme l'étaient ces
médecins et ces philosophes n'aient pas eu une doctrine secrète, basée sur des faits au moins compré-
hensibles et cause de tous leurs travaux et de toutes
leurs expériences, mais qu'ils dissimulaient dans
leurs écrits de façon à ne pouvoir être saisie que
par les adeptes qui en avaient la clef. Après d'assez
longues recherches, deux manuscrits fort curieux,
l'un du moyen âge, l'autre du XVIIIe siècle, et ce
dernier écrit pour le duc d'Orléans, afin de lui expliquer les croyances des philosophes hermétiques,
malgré quelques obscurités, m'ont cependant, je
crois, mis sur la voie de leur doctrine, que je vais
tâcher d'expliquer le plus clairement possible. Mais,
avant de l'exposer, disons qu'elle paraît être la doctrine symbolique de la génération des êtres, la même
que celle que les prêtres égyptiens considéraient

comme le secret de leurs mystères, celle qui était
transmise par les initiations dans les anciennes maî-
trises, et que, basée sur le matérialisme, elle conclut,
comme toujours, à la recherche de la création, ce but
inabordable où tant d'esprits supérieurs sont venus
se briser.

Dans tout l'univers, naître, mourir et se produire,
telle est la loi imposée à tout ce qui existe. Le
monde offre donc une rotation perpétuelle de créa-
tions ou agrégations, de destructions ou disgréga-
tions et de régénérations.

Le mouvement suivant les uns, l'Esprit-Saint et
Dieu suivant les plus sages, les atomes, la matière,
le feu suivant les anciens, le fluide vital, magnétique suivant quelques adeptes, sont la cause de tous
ces états de la matière, parce que seuls ils peuvent
donner la vie et causer la mort. C'est Osiris ou le
soleil suivant les Égyptiens, principe du fluide vital, c'est le soleil spirituel des médecins hermétiques
et de Swendenborg.

Pour que la génération des êtres, quels qu'ils
soient, s'accomplisse, il faut que les principes gé-
nérateurs meurent, qu'ils se dissolvent par la fermentation et se désunissent par la putréfaction, car
sans cela le germe ou portion du fluide vital renfermé dans la semence ne peut se faire jour à travers les enveloppes qui l'enserrent. Les diverses révolutions des corps ne sont donc qu'une lutte perpétuelle entre la mort et la vie, et c'est là la base et la

source de toutes les mythologies anciennes et de toutes les religions antiques.

Cinq principes distincts concourent à la génération des êtres, ce sont la Cause, le Sujet, l'intermède, l'Effet ou le produit et le Résultat.

— La Cause est le père, le moteur, le mâle, le créateur. — Il est représenté chez les anciens par le soleil, Éléon, le feu, Osiris, Vulcain, etc...

— Le Sujet est la mère, la matière, le patient, la femelle, le principe humide fécondé, la nature passive ; il est représenté par Beyrouth, par l'eau, ce principe universel sans lequel rien ne saurait exister.

— L'Intermède est le moyen dont la cause se sert pour agir sur le sujet ; c'est la semence, l'éther, le fluide vital, l'esprit de vie disséminé dans tous les mâles et qui devient l'instrument de la reproduction. C'est le souffle divin qui était porté sur les eaux avant la formation de la lumière. — Il était représenté par le Phallus ou par l'air, ce fluide qui s'insinue dans les replis les plus cachés.

— L'Effet est le principe même de la fécondation, qui produit la fermentation, la putréfaction, et de là le chaos et la mort, principe de la vie. Résultat invariable du conflit de deux puissances génératrices, et inactif avant la commotion, il n'attend que l'étincelle électrique pour se manifester ; le germe propagateur, brisant alors ses enveloppes, naît à la vie. C'est le Fiat lux de la création, de la lumière, la puissance génératrice de la femelle, le feu terrestre qui développe les principes séminaux. Il est symbolisé par la terre, la mère commune de tous les corps, où se développent tous les végétaux et tous les minéraux.

— Le produit en est le Résultat ; c'est la création d'un être principe régénérateur destiné à reproduire sa race. C'est le fils qui, occupant le centre de ce carré de reproduction, était représenté par le nombre cinq, consacré à Thot ou à Hermès, à Apollon, etc...; c'était l'éther, le cinquième élément, l'Horus des anciens, l'étoile flamboyante des francs-maçons.

— La Cause ou le Père, Dieu de feu, Père de la Lumière, roi des Astres et des Cieux, était symbolisé par Phta, par le Triangle, par la Pyramide. C'était aussi le Dieu de l'air, car sans ce milieu nulle clarté ne parviendrait jusqu'à nous.

— Le Sujet, c'était la matière renfermant dans son sein le principe fécondant non développé ; c'était la Nature adorée chez tous les peuples, sous mille formes diverses, Cybèle, Vénus, Proserpine, Cérès, l'Isis des Égyptiens, etc...

— L'Intermède, c'était l'esprit de vie, le fluide magnétique portion du Soleil, l'Esprit de Dieu, porté sur les Eaux, l'Éros des anciens, l'Adrasté des Grecs, le Bacchus, l'Hercule, l'Hermès, le Thot des Égyptiens.

— L'Effet ou fécondation, état de fermentation et de putréfaction des principes séminaux, état de té-

nèbres, de compression et de désordre, précurseur
de la Création du monde. — Tous les savants de
l'antiquité reconnaissant l'éternité de la matière,
pour satisfaire l'esprit et la curiosité des mortels, ad-
mirent que le monde avait été créé et développé suivant les mêmes lois qu'est engendré et mis au jour
le premier supposé des corps qui le composent. De
là, le chaos universel, fermentation et fécondation
de tous les principes séminaux qui forment le monde.
Chassés par la Lumière ou Esprit vital qui flottait
sur les eaux, ils se sont concentrés, puis ils se sont
épaissis par la compression causée par le dégage-
ment des principes humides, qui produisaient le
froid, et ont formé le corps de la Terre, au centre
de laquelle est restée une partie du feu ou esprit vital, dont est formé le soleil, et nécessaire à la génération des semences contenues dans le globe.

Tous les êtres, dans cette doctrine, se produiront
et naîtront suivant les mêmes règles, et de même
que le grain de blé qui, produit d'un grain sembla-
ble, en produira un autre à son tour. Il renferme en
lui le germe, le fluide vital, et il est déposé dans le
sein de la terre qui fut sa mère ; entre eux s'accom-
plit la génération , et, aussitôt que les deux puissances génératrices sont en contact, le grain s'enfle,
s'amollit ; il fermente, noircit et se décompose ; un
combat s'engage entre la vie et la mort : celle-ci
triomphe et le grain tombe en putréfaction ; mais
aussitôt le germe issu du fluide vital , renfermé et

dérobé aux yeux par son enveloppe, se dégage, s'élance et perce le sein de la terre ; il paraît, et sa naissance coûte la vie à son père.

Toutes les graines ou semences des plantes paraissent inertes et sans vie, jusqu'à ce qu'elles soient amollies par une humidité convenable, et rien ne paraît moins propre à produire une tige et un arbre qu'un noyau de pêche ou qu'une fève ; si l'expérience ne nous avait appris leur végétation, rien ne nous paraitrait plus impossible, et cependant avec quelle facilité ces corps s'entr'ouvrent, se dilatent et produisent leur germe. Il en était de même, pour les grands alchimistes du moyen âge, des métaux et de l'or, et, à leurs yeux, une humidité tiède de leur nature pouvait les corrompre, les dissoudre et leur faire produire leur semence séminale. L'or n'était pour eux qu'un vif-argent travaillé par la nature et amené à sa perfection. — Ils considéraient les influences des astres comme des vapeurs extrêmement subtiles et raréfiées qui émanaient du soleil, noyau *du Principe de Vie*, de la Lune ou des autres globes célestes. L'âme universelle du monde, le Principe, l'agent de la vie, en relation constante des globes célestes au centre de la terre, meut sans cesse ces vapeurs dans l'espace et les fait pénétrer avec elle dans les entrailles de la Terre. Ces vapeurs aériennes et célestes qui contiennent des principes de *Vie*, dans leur mouvement continuel, se mêlant avec les autres vapeurs humides et grossières qui émanent du sein

de la Terre et circulent ensemble dans les fibres et
les pores de ce grand globe, s'épaississent peu à peu
et se corporifient en une matière grasse, premier
principe des corps métalliques, et c'est ce même
esprit de vie qui, circulant dans les pores de la terre,
y laisse des parcelles de lui-même, qui, bientôt,
donneront le mouvement à la génération des plantes
et des êtres, et serviront à leur accroissement. Cette
substance grasse, base des métaux, cuite petit à petit et desséchée par la chaleur centrale du globe et
par le passage des vapeurs célestes dans la minière
ou endroit qu'elles ont trouvé disposé à former des
métaux, devient bientôt un soufre minéral, plus ou
moins pur, suivant les composés mêlés aux vapeurs
aériennes; mais ce soufre, sublimé continuellement
par les vapeurs célestes qui, circulant sans cesse, at-
tirent à elles toutes les parties salines, s'épaissit petit à petit, et forme le mercure où les parties sèches
sont en proportion si égale avec les parties humides,
qu'il coule sans mouiller et qu'il est aussi incom-
bustible que l'or. Si les composés mêlés au soufre
minéral prédominent dans les minières, alors le
mercure, finissant par se combiner avec lui, se so-
lidifie petit à petit et forme un métal différent, selon la quantité des composés mêlés à ce soufre. Aussi,
aux yeux des alchimistes, tous les métaux pouvaient
se réduire en mercure en en séparant le soufre, et
toutes les transformations qui les avaient produits
étaient l'œuvre des années et des siècles.

Tous ces métaux, tant qu'ils n'étaient pas durcis, étaient par eux considérés comme vifs et vivant d'une vie végétale; car qu'est-ce que vivre et végéter, sinon jouir d'un mouvement interne et croître par l'addition d'autres parties qu'on assimile à sa nature, pour acquérir la perfection à laquelle la nature a prédestiné le sujet? Le corail et l'huître ne végètent-ils pas aussi, quoique différemment des autres végétaux et des autres animaux. — Les métaux végètent aussi et leurs minières ressemblent à un arbre immense enfoui dans la terre avec son tronc, ses racines et ses branches; aussi, pour l'extraire, l'habileté du mineur consistera à suivre le tronc ou la branche sans s'en écarter. Les alchimistes étaient donc à la recherche de cette vapeur séminale métallique, parcelle du principe de vie, base de la végétation des métaux; ils pensaient l'extraire en séparant le pur de l'impur, et, après l'avoir obtenue sous forme liquide, la dessécher et la réduire en poudre; et, comme elle contenait pour eux des parcelles de l'esprit de vie, ils pensaient qu'elle ferait plus d'effet au corps humain que tous les remèdes de la médecine. Cette poudre ou pierre philosophale n'étant autre qu'une partie des vapeurs célestes principes de la vie, condensée et réduite en poudre, devait transformer le mercure et les métaux imparfaits en métaux parfaits; et, comme elle contient une portion de cette âme du monde qui fait vivre tout animal, elle rétablira tout ce qui peut être dérangé en lui, entretiendra l'harmonie, sans laquelle on ne peut avoir la santé ; mais, comme le dit le *Cosmopolite*, il n'en mourra pas moins au terme préfix de la mort.

Tous ces savants illustres qui ont passé leur vie entière à surprendre les secrets de la nature considéraient les métaux comme des corps composés et admettaient de plus que leur composition était uniforme ; pour eux tous les métaux étaient composés de deux éléments communs, le mercure et le soufre, et la différence de propriétés que l'on remarque dans les divers métaux n'était due qu'aux proportions variables de ces deux corps qui entraient dans leur composition. Cette théorie est remarquable, car elle a pour conséquence directe la possibilité d'opérer des transmutations ; si les éléments des métaux sont les mêmes, on peut espérer, en faisant varier par des actions convenables la proportion de ces éléments, changer ces corps les uns dans les autres, transformer le mercure en argent, le plomb en or, etc., etc. Les écrivains hermétiques comparaient, comme nous venons de le voir, la formation des métaux à la génération animale, et, d'après eux, la nature, s'efforçant toujours de donner à ses ouvrages le dernier degré de perfection, tendait constamment à produire de l'or. Les métaux, comme toutes les substances inorganiques, leur paraissaient doués d'une sorte de vie et se développer au sein de la terre, en passant par une série de perfectionnements

pour s'élever de l'état imparfait à l'état parfait, et,
quand les circonstances favorables à la formation de
l'or venaient à manquer, il se produisait des avor-
tons, c'est-à-dire des métaux vils. Ils pensaient qu'il
était possible de surprendre les secrets procédés de
la nature, d'en élaborer la semence des métaux, et,
avec une chaleur et des aliments convenables, de
faire, en peu de temps, ce qui s'exécute dans le sein
du globe avec le secours du temps, des feux souterrains et de l'influence des astres. — D'après leurs
croyances, les métaux prenaient donc naissance
comme les animaux et les plantes, par la réunion de
deux semences mâle et femelle.

L'alchimiste, pour produire la poudre philosophale, devait donc opérer artificiellement, au sein de
ses appareils, la réunion des deux semences nécessaires à la génération de l'or, l'or étant la semence
mâle, et le mercure dit philosophique, la semence
femelle. La grande difficulté était donc de trouver
et d'obtenir ce mercure philosophique, cette semence femelle, car, cet agent une fois trouvé, il ne
s'agissait plus que de le combiner avec l'or, et, au
moyen d'une chaleur prolongée à un degré et dans
les proportions nécessaires, on obtenait d'abord la
teinture blanche qui convertissait les métaux vils en
argent; puis la teinture rouge qui, projetée sur un
métal vil à l'état de fusion, le transformait en or.

Ce phénomène, chose bien digne de remarque,
était comparé, par les plus savants alchimistes, à la

fermentation organique, la pierre philosophale jouant le rôle d'un ferment et provoquant, dans les métaux, une modification analogue à celle que le ferment excite lui-même dans les produits organiques.

La théorie des alchimistes posait, en principe, que plusieurs substances se confondant, par leur composition, peuvent cependant différer entre elles extérieurement et par tout l'ensemble de leurs réactions. — Les progrès actuels de la science leur ont, en partie, donné raison, en reconnaissant que des produits minéraux ou organiques peuvent présenter une identité complète dans leur composition, tout en affectant, au dehors, les propriétés les plus opposées. Ainsi l'acide fulminique contient rigoureusement les mêmes quantités de carbone, d'oxygène et d'azote que l'acide cyanique, et renferme ces éléments unis, suivant le même mode de condensation, et cependant on sait que tous les fulminates détonent avec violence à la plus faible chaleur, tandis que les cyanates résistent à la chaleur rouge. — L'urée présente la même composition chimique que le cyanate d'ammoniaque hydraté, et rien n'est plus dissemblable que le caractère de ces produits. — L'acide cyanhydrique, poison redoutable, ne diffère en rien, par sa composition, du formiate d'ammoniaque, sel inoffensif. — Cette propriété, nouvellement reconnue, est appelée Isomérie.

Qu'on reconnaisse que les métaux sont des corps composés et isomères, et le dogme des alchimistes

se trouve justifié. Jusqu'à présent les métaux ont été
généralement considérés comme simples, parce qu'ils
ont, jusqu'ici, résisté à tous nos procédés d'analyse,
et cependant, à notre époque, les chimistes ont, pendant vingt-six ans, considéré, comme des métaux,
un oxyde, le protoxyde d'urane et une combinaison
azotée, l'azoture de titane. — Ne reconnaissent-ils
pas comme un métal l'ammonium composé d'hy-
drogène et d'azote; et quel est le chimiste consciencieux qui voudrait jurer qu'on n'arrivera pas à reconnaître, dans tous les métaux, des corps composés? Si
les corps métalliques sont isomères, pourquoi n'exis-
terait-il pas une substance qui agirait sur eux, comme
le ferment sur les corps organiques, le ferment substance d'une nature encore inconnue. — Dans les
métaux fondus et portés à la chaleur rouge, il peut
se produire une transformation moléculaire, analogue
à celle que subissent les produits organiques fermen-
tescibles; et de même que le sucre, sous l'influence
du ferment, se transforme en acide lactique, en al-
cool et en acide carbonique sans varier de composition, les métaux identiques dans leur nature pourraient passer de l'un à l'autre, sous l'influence de la
pierre philosophale, leur ferment spécial. — La fermentation se dérobe encore à toute théorie scientifique dans les réactions ordinaires, et aucune loi
connue n'explique ses effets. Le ferment agit sur les
matières organiques à dose infinitésimale, et pourquoi un grain de teinture rouge ne convertirait-il

pas en or 8 onces de mercure, quand la diastase convertit en sucre deux mille fois son poids d'amidon. — Aussi, à mes yeux, on ne peut pas considérer comme impossible la transformation des métaux qu'on découvrira, probablement, un jour ou l'autre.

Si nous nous appuyons sur l'histoire, on ne peut nier que, principalement dans le xvie siècle, des événements étranges vinrent étonner l'imagination des hommes. — Sur divers points de l'Europe se montrèrent, à la fois, un certain nombre d'individus se vantant d'avoir découvert le secret si cherché, et prouvant, par des faits qui paraissent presque irrécusables, la réalité de l'opération du grand œuvre. Schneider lui-même, dans son grand ouvrage, n'hésite pas à déclarer que, à moins de récuser, dans tous les cas, l'autorité du témoignage des hommes, il faut reconnaître qu'on avait trouvé, au xviie et au xviiie siècle, le secret de faire de l'or, et que les transmutations les plus étonnantes ont été exécutées, non pas par des alchimistes de profession, mais par des tiers qui avaient reçu, d'une main inconnue, de petites quantités de pierre philosophale. — On peut voir dans son curieux ouvrage, ou dans l'*Alchimie* de M. Figuier, les événements singuliers rapportés par des gens sérieux comme Van Helmont, Helvétius, Bérigard de Pise, le pasteur Gros, etc., les transmutations faites par l'empereur Ferdinand II avec la poudre de Reichtausen, les singulières aventures du *Cosmopolite* et de Philalète, les transmutations ex-

traordinaires opérées par les émissaires de Lascaris,
Potticher, Braünne, Delisle, etc... Si l'on y joint le
fait, de l'or fabriqué par Raymond Lulle à la Tour
de Londres et avec lequel on frappa les *Nobles à la
Rose*, les richesses accumulées par Nicolas Flamel
qui fonda, à Paris, quatorze hôpitaux, bâtit trois cha-
pelles, releva sept églises qu'il dota magnifiquement;
l'histoire des 100,000 livres données par Ripley
aux chevaliers de Rhodes, etc..., il est bien difficile
d'admettre tous ces faits extraordinaires comme des
supercheries, d'autant plus qu'ils avaient presque
tous pour but ou pour résultat la bienfaisance; et
si, comme le dit M. Figuier dans son livre,

« L'état présent de la chimie empêche de considérer comme impossible le fait de la transmutation des métaux, il résulte des données scientifiques
récemment acquises et de l'esprit actuel de la chimie
que la transformation d'un métal dans un autre pourrait s'exécuter. »

Il me paraît moins prouvé qu'à lui

« Que l'histoire nous montre que, jusqu'à ce jour,
personne n'a réalisé le phénomène de la transmutation métallique. »

Telle était l'essence de la doctrine secrète, universelle pour tous les corps que les anciens savants
regardaient comme la clef de la nature, et dont ils
firent le fondement de leur doctrine et le type de
toutes leurs légendes et de toutes leurs allégories.

Tous les cabalistes et philosophes hermétiques,

imbus de ces croyances, étaient convaincus que les minéraux se reproduisaient par les minéraux, de même que les végétaux par les végétaux, et les animaux par les animaux. — Admettant que le feu, contenu dans le globe, empêchait l'eau de submerger et de dissoudre la terre, que l'air empêchait le feu de s'éteindre et que l'eau empêchait la terre d'être brûlée, et que tous trois servaient à la génération des semences et de tous les êtres, ils pensaient que l'air, l'eau et le feu étaient de même nécessaires pour la reproduction des métaux. C'est là que tendaient tous leurs travaux, et trouver comment se reproduisaient les minéraux, et les faire alors produire comme ils faisaient produire un animal, un grain de blé, une graine d'arbre, tel était le problème que poursuivaient tant d'esprits illustres. De là toutes les recherches, toutes les suppositions, et même toutes les aberrations des Arnault de Villeneuve, Philalète, Flamel, Raymond Lulle, etc., à la recherche de la semence de l'or, de sa femelle, de sa fécondation, et même à la découverte du fluide vital de l'homme nécessaire à sa régénération.

CHAPITRE III.

DES CROISADES JUSQU'AU COMMENCEMENT
DU XVIIIe SIÈCLE (1).

Du grand mouvement des croisades allait naître
une autre association bien plus redoutable et pour
l'Église et pour les États, et le but secret en fut si

(1) Voir pour tout le chapitre.— De Sacy, Observation sur une pratique superstitieuse attribuée aux Druzes et sur la doctrine des Mosaï-
ciens. Paris , 1827, in-8°. — De Sacy , Mémoires sur les dynasties des
Assassins et sur l'origine de leur nom. 7 juillet 1809, in-8°. — Mémoire sur les trois plus fameuses sectes du musulmanisme, les Wahabis, les Nosaires et les Ismaëls. Marseille, 1818, in-8°. — Hugues de
Pagan , fondateur et grand Maître des Templiers, Paris, 1669, in-12.
— Statuts de l'ordre de Saint-Jean de Jérusalem , commentés par le
Pr. Caraveta, 1756. — Recherches historiques sur les Templiers et sur
leurs croyances religieuses. Paris, 1835, in-8°. — Templiers modernes,
liste des maîtres de l'ordre. — Séance des grands couvents , Program-
mes de cérémonies, lettres de Templiers, Discours des grands Maîtres,
Collection Morand. — Histoire critique et apologétique de l'ordre des
chevaliers de Jérusalem, dits Templiers, par B. P. M. J. (Ch. Mansuit
jeune). Paris, juillet. 1789, 2 t. 1 vol. in-4°. — Histoire de l'ordre des
Assassins, par J. de Hasmer, trad. de l'allemand par Nillert et de la

bien caché, qu'il divisa longtemps les historiens ; mais maintenant, grâce à la masse de documents relatifs à cet ordre célèbre, grâce aux recherches de savants consciencieux, cette doctrine a pu être mise au jour, et quoique, révélée trop ouvertement aux initiés, par un grand Maître, au commencement du XIXe siècle, elle ait soulevé un schisme dans l'ordre même, pour quelques esprits consciencieux qui avaient la naïveté de croire que des sociétés secrètes n'ont point de motif de l'être, cependant cette doctrine secrète était bien celle de l'ordre, transmise depuis les temps les plus reculés, et outre des discours manuscrits prononcés par des grands Maîtres d'où elle ressort parfaitement, la partie des accusations religieu-

Nourais. Paris, 1833, in-8°. — Histoire des Templiers Paris, 1805. — Histoire secrète des Templiers. Amsterdam, 1730. — Le Chevalier du Temple, manuscrit — Bible des chrétiens primitifs, par Deal. Paris, 1819, in-18, 3 vol. — Bulletins de l'ordre du Temple, décrets, lettres, discours ; 90 pièces venant de M. Morand. — Manuel des chevaliers de l'ordre du Temple. Paris, 1717, in-8°, avec les feuilles retranchées. — Mémoires historiques sur les Templiers, par Gronvelle. Paris, 1805 in-8°. — Monuments historiques relatifs à la condamnation des Templiers. Raynouard, Paris, Egron, 1813, in-8°. — Histoire de la condamnation des Templiers, par Dupuy, Bruxelles, 1713, in-8°. — Histoire des trois ordres réguliers et militaires des Templiers, Teutons, Hospitaliers, etc., par Roux. Paris, Lottin, 1725, 2 vol. — Levitikon. Paris, 1831, in-8°. — Rituel du saint sacrifice Eucharistique, in-4° (exemplaire Morand). — Discours de saint Jean l'évangéliste, pièces relatives au couvent de Versailles, liste des chevaliers, etc. — Manuscrits. — Statuts de l'ordre d'Orient. In-folio, manuscrit. — Liste des 812 membres de l'ordre, Séances d'un grand convent métropolitain, Cérémonies pour les fêtes anniversaires des martyrs, etc. Manuscrits.

ses, principalement au sujet des sacrements, en démontre parfaitement la vérité.

§ Ier.

Croyances des Chrétiens d'Orient (1).

Au moment des croisades, il existait, en Orient, des chrétiens schismatiques qui s'intitulaient frères d'Orient, et dont il est nécessaire d'expliquer la doctrine pour comprendre les croyances futures des Templiers et des Johannites.

Suivant cette doctrine, les prêtres d'Égypte, législateurs, juges et pontifes, adeptes de premier ordre, conservant le dépôt des connaissances métaphysiques et des sciences, naturelles ne présentaient au vulgaire qu'une théologie extérieure composée de dogmes absurdes et de pratiques extravagantes, mais qui tendaient à donner plus d'empire à la superstition et à consolider leur gouvernement. — Moïse, initié lui-même et profondément instruit de tous ces mystères, finit, avec l'aide de Dieu, par délivrer ses compagnons, laissa la doctrine épurée à Aaron et aux chefs des Hébreux, qui furent divisés en plusieurs classes, selon l'usage des prêtres égyptiens. — Salomon construisit le temple de Jérusalem pour gar-

____

(1) Voir pour le paragraphe Ier. — Manuscrit du prince de Hesse. — Les Illuminés de Gérard de Nerval. — Le Levitikon.

der le dépôt sacré des lois et des règles secrètes transmises par Moïse, et légua à ses Élus le soin de leur conservation; mais Nabuchodonosor, après avoir pris trois fois la cité sainte, irrité de la résistance pendant un an de siége, fit détruire le temple de fond en comble par son général Nabuzardan, en enleva tous les trésors, et emmena le roi et peuple captifs à Babylone (600 av. J. C.). Les maîtres pleurèrent le sort du temple; mais, après soixante-dix semaines d'années de captivité, Cyrus rendit la liberté au peuple juif et remit à Zorobabel, alors leur chef, les trésors du temple. A peine de retour à Jérusalem, les élus qui s'étaient succédé en se perpétuant la tradition recherchèrent l'entrée de la voûte qui avait échappé aux destructeurs, et, l'ayant trouvée, ils résolurent de détruire le piédestal de toute science pour le soustraire à tout nouveau danger de découverte; ils brisèrent donc la pierre, fondirent le △ et convinrent de se transmettre les mystères par la seule tradition. Ils travaillèrent alors à la reconstruction du temple, mais inquiétés par leurs ennemis, ils furent forcés de travailler l'épée d'une main, la truelle de l'autre. Bientôt les Romains vinrent attaquer la Judée, prirent et rasèrent Jérusalem, et dispersèrent la nation (70 av. J. C.). Plusieurs des maîtres restèrent sur les lieux et conservèrent la tradition, tantôt sous les Romains, tantôt sous les Sarrasins, attendant l'heure où ils pourraient rebâtir le temple.

Jésus-Christ parut ensuite; pénétré de son esprit divin, élevé à l'école d'Alexandrie, il sut, quoique enfant, parvenir à tous les degrés de l'initiation égyptienne, et, conduit à Jérusalem, dévoila aux chefs de la synagogue les nombreuses altérations que la loi de Moïse avait subies entre les mains des Lévites. Il les confondit par la force de son génie et l'étendue de son savoir, mais les prêtres juifs aveuglés persistèrent dans leurs erreurs. Jésus-Christ, dirigeant le fruit de ses méditations vers la civilisation universelle et le bonheur du monde, déchira le voile qui cachait la vérité, prêcha l'amour de Dieu et de ses semblables, et l'égalité de tous les hommes, et, confirmant par son sacrifice les dogmes célestes, fixa pour jamais sur la terre, avec son Évangile, la religion de l'éternité. Il conféra l'initiation évangélique à saint Jean le disciple bien-aimé et aux autres apô· tres, et les divisa en plusieurs ordres, ainsi que cela se pratiquait chez les prêtres égyptiens et hébreux. Saint Jean l'évangéliste, disciple de saint Jean-Baptiste, à l'école duquel il avait déjà puisé le germe de ses profondes connaissances, s'attacha à son divin maître, eut seul, dans la nuit fatale, le privilége de connaître le traître qui devait le livrer, seul eut le courage de l'accompagner au supplice, et seul reçut le dernier gage de la tendresse de son divin ami. — Apôtre de l'amour fraternel, il ne quitta jamais l'Orient, et sa doctrine, toujours pure, ne fut altérée par le mélange d'aucune autre doctrine. Saint Pierre et les autres apôtres portèrent les dogmes de Jésus-Christ chez des peuples lointains; mais forcés, pour propager la foi, de se prêter aux mœurs des diverses nations et même d'admettre des rites particuliers, des nuances et des changements se glissèrent dans la doctrine des sectes chrétiennes.

Saint Jean, relégué dans l'île de Pathmos, y présida une assemblée générale des frères, auxquels il donna des lois et des statuts. — Il y composa l'Apocalypse, ce livre étonnant où il détaille les forfaits du despotisme représenté par la bête à dix cornes et à sept têtes de rois, et célèbre le triomphe futur de la liberté représentée par les anges qui vengent le sang des martyrs en écrasant la bête, domptant ses armées et réduisant en cendres la grande Babylone. Saint Jean mourut à Éphèse, et les frères élevèrent, dans la suite et sur ses cendres, un temple magnifique qui disparut plus tard, avec presque tous les autres monuments de la Grèce.

Les mystères de l'initiation égyptienne, transmis aux Juifs par Moïse, aux Chrétiens par Jésus-Christ, furent religieusement conservés par les successeurs de saint Jean l'apôtre, et ces mystères et ces initiations, régénérés par l'initiation évangélique, étaient un dépôt sacré, gardé par les frères d'Orient.

Ceux qui étaient restés à Jérusalem fondèrent un hospice en faveur des pèlerins qui venaient visiter le temple, et les maîtres élus, qui s'étaient retirés loin de Jérusalem, et qui étaient restés cachés dans les déserts de la Syrie et de la Célésyrie, et autour du mont Liban, où ils se gouvernaient suivant leurs lois, prirent le nom d'Esséniens et se livrèrent de nouveau à l'étude des sciences occultes, et du grand œuvre qu'ils avaient négligé depuis Salomon. — Ceux qui étaient devenus chrétiens prirent le nom de Thérapeutes, et restèrent, néanmoins, attachés à leurs frères et initiés comme eux.

On les nommait aussi Kadosh ou saint, séparé, régénérateur.

Les croisades annoncées, les maîtres élus et les Thérapeutes accoururent, sentant renaître en eux l'espoir de la reconstruction du temple.

§ II.

Fondation de l'ordre du Temple.

Telles étaient les croyances d'une partie des chrétiens d'Orient au moment où neuf chevaliers français, Hugues de Payens, Geoffroy de Saint-Omer, Roral, Godefroy Bisol, Pagan de Montdidier, Archambault de Saint-Aignan, André de Montbard, Gondemar et Hugues de Champagne, fondèrent l'ordre du Temple, dont le but premier était de secourir, soigner et défendre les Pèlerins. Baudouin II les reconnut et leur permit de s'établir sous le parvis du temple de Jérusalem. En 1128, le grand

6

Concile étant réuni à Troyes, ils vinrent se faire
confirmer et par le concile et par le pape, et saint
Bernard, leur protecteur, neveu d'André de Montbard, leur donna une règle. Ils retournèrent en
Syrie après avoir parcouru l'Europe, dont les princes
et les peuples les dotèrent richement, en même
temps qu'une masse de gentilshommes grossissaient
leur nombre. C'est alors que les chrétiens d'Orient,
persécutés par les infidèles, appréciant le courage
de ces chevaliers, crurent devoir leur confier ce
qu'ils considéraient comme le trésor des connaissances acquises depuis tant de siècles; ils les reçurent, les initièrent, leur inculquèrent leur doctrine, et Hugues fut revêtu du pouvoir patriarcal, et
placé dans l'ordre, pour eux légitime, des successeurs de saint Jean l'évangéliste.

Les Templiers firent de grandes conquêtes sur les
Maures, en Espagne et en Portugal, et s'établirent
dans le Temple de Paris, dont ils possédaient le
quartier composé de marais. Leurs exploits allaient
bientôt remplir toute l'histoire des Croisades, et
en même temps allaient retentir les plaintes que
faisaient contre eux et les princes croisés, qui venaient y combattre, et les autres ordres religieux.
Avec l'esprit qui présidait à leur organisation et le
but qu'ils se proposaient, renouvelant, dans leur
ordre, le système religieux et despotique des prêtres égyptiens, pour lesquels les vices et la superstition des masses n'étaient qu'un moyen d'empire

plus grand et de gouvernement plus facile, ils laissèrent introduire dans l'ordre les vices de l'Orient. Pendant les deux siècles qu'ils occupèrent la Syrie et le Liban, poussés par le besoin de dominer des nations de races et de religion différentes, ils y jetèrent les bases d'une doctrine profonde et secrète, et établirent un système d'affiliation maçonnique, mélangé de leurs propres cultes et initiations, avec celle d'une partie des musulmans dont il est temps que nous disions un mot.

§ III.

Les Hachichiens ou Assassins (1).

Les Assassins ou Hachichiens étaient une branche de ces Ismaéliens de l'Est dont j'ai déjà parlé. Les premières bases de cette secte avaient été jetées par le sultan Hakem, qui avait fondé au Kaire, vers la fin du XIe siècle, une loge franc-maçonnique où l'on enseignait la philosophie, les mathématiques et une

___

(1) Voir. — De Sacy. Observations sur une pratique superstitieuse attribuée aux Druzes et sur la doctrine des Nosairiens. Paris, 1827, in-8. — Mémoires sur la dynastie des Assassins et sur l'origine de leur nom. 7 juillet 1807, in-8°. Mémoires sur les trois plus fameuses sectes du musulmanisme, les Wahabis, les Nosaires et les Ismaéliens. Marseille, 1818, in-8°. — Histoire de l'ordre des Assassins, par J. de Hanner, trad. de l'allemand par Nillert et de la Nourais. Paris, 1833, in-8. — Voyage en Orient, par Gérard de Nerval.

doctrine secrète. Les initiés, après avoir passé par plusieurs grades, finissaient par apprendre à ne rien croire et à enseigner que tout était permis. Le sultan disparu, ses sectateurs croyaient qu'il devait se perpétuer par une filiation secrète, mais suivie, jusqu'à l'arrivée d'un Iman qui viendrait les délier de l'observation de toutes les lois. Hassan-ben-Sabah-Homaïri, daïs ou missionnaire fatimite initié à leur secte, chassé du Kaire, propagea cette doctrine en parcourant les provinces, et vint se fixer à Damaghan, et ensuite à la forteresse d'Alamont dont il s'empara par ruse en 1090. Là il se fortifia et jeta les bases de son système politique et religieux, qui peuvent se résumer ainsi : « Rien n'est vrai ni défendu, tout est permis. » Il établit une hiérarchie : 1° le grand Maître; Vieux ou Prince de la Montagne; 2° les Daïlkebir ou grands prieurs; 3° les Daïs ou maîtres initiés; 4° les Réfiks ou compagnons (ces derniers et les grades suivants ne jouissaient point du privilége de l'initiation); 5° les Fédavis ou dévoués, puis les aspirants et les profanes. La hiérarchie spirituelle avait aussi sept degrés, et le catéchisme, sept parties, dont la première comprenait les préceptes sous la forme symbolique et la dernière l'interprétation allégorique. Les membres de la secte avaient des mots et des signes de reconnaissance, entre autres une petite pierre noire taillée ou en forme d'animal, ou à deux têtes féminines, emblème probablement renouvelé des symboles des Ophites, et

qui, dans une religion où tout était permis, était
peut-être l'emblème de la sensualité.

On sait que c'est dans son vaste palais, au milieu
des montagnes, que le Vieux de la Montagne élevait
un grand nombre de jeunes gens à obéir aveuglément à ses ordres. Il les enivrait avec le hachich,
qui les plongeait dans les rêves les plus agréables,
puis les transportait dans des jardins enchantés où
tous les plaisirs leur étaient offerts. Les excès et
l'ivresse continue du hachich les amenaient à un degré
d'illuminisme tel qu'ils devenaient des sectaires dévoués, prêts à courir à la mort et à propager sa puissance par les armes et l'assassinat.

Hassan II, troisième prince des Hachichiens, ayant
dévoilé les mystères de l'Ordre, périt comme tous
les grands Maîtres de cet ordre terrible, sous le poignard de Mahomet II, qui lui succéda, fit assassiner
Conrad de Montferrat, et envoya le grand prieur à
Jérusalem. C'est alors que les Templiers, voyant
le royaume de Jérusalem marcher rapidement vers
sa ruine, et voulant conserver leurs possessions de
Palestine, firent alliance et traité avec les Assassins.
Il paraît positif que ce fut Guillaume de Montbard
qui reçut du Vieux de la Montagne l'initiation maçonnique dans une caverne du Liban, et la transmit
à ses compagnons qui tous furent initiés au culte
maconnique; de là, plus tard, dans le procès, ces
graves accusations inexpliquées, relatives au Bapho
met, la pierre noire, car les Assassins, adonnés à

une partie des croyances des Ophites, étaient coupables d'idolâtrie et d'immoralité, et le baphomet ou baptême de Meté, de feu, était représenté sous les deux sexes, comme symbole de la sensualité et interprété chez les Ophites par le mélange des sens. — C'est ce qui explique comment les Druzes actuels prétendent encore descendre des chevaliers des Croisades, ce que leur grand émir Fakardin déclarait à la cour des Médicis, en invoquant l'appui de l'Europe contre les Turcs, et ce qui est si souvent rappelé dans les lettres patentes de Henri IV et de Louis XIV en faveur des peuples du Liban, avec lesquels les Templiers avaient fait des alliances si puissantes, en prenant la succession du patriarcat des frères d'Orient et en recevant l'initiation maçonnique des Hachichiens. Ainsi s'expliquent et les Druzes parlant de leurs coreligionnaires d'Europe, principalement de ceux des montagnes d'Écosse (la Loge mère Hérodon de Kilwinning), et les francs-maçons fondant, en France, les loges des Druzes réunis, des commandeurs du Liban, etc., et comment un franc-maçon, voyageant dans le Liban, peut se faire reconnaître des Druzes qui lui demanderont probablement sa pierre noire qu'ils ont conservée, et qui fut le Baphomet si inexpliqué du procès des Templiers, symbole encore gardé dans des loges francs-maçonniques de la Hongrie, où les premières croyances se retrouvent encore. On comprend alors pourquoi les chevaliers avouèrent, dans leurs interrogatoires, rejeter

presque tous les sacrements, à leurs yeux, institués
par saint Pierre et ses successeurs, la messe, la confession, le mariage, etc., et pourquoi ils célébraient
et célèbrent encore un sacrifice eucharistique suivant le récit de la Cène par saint Jean.

§ IV.

Condamnation de l'ordre du Temple (1).

Cependant l'ordre du Temple avait acquis, en
peu d'années, une puissance immense; cinquante ans
après son institution, il n'existait point, en Europe,
de potentats aussi riches. Ses biens et son pouvoir
ne firent qu'augmenter, et l'Ordre finit par posséder
plus de neuf mille manoirs et un revenu de plus de
2 millions équivalant à près de 60 millions de
notre temps (lorsque le roi n'avait que 80,000 livres). Le faste des chevaliers était prodigieux ;
leur marine faisait la course dans le Levant, et le
trafic des prises. Les donations qui leur étaient

______

(1) Voir. — Papiers de Versailles, relatifs au procès des Templiers.
— Papiers des grands Maîtres du Temple, en ma possession. — Manuscrits historiques à la condamnation des chevaliers du Temple. —
Raynouard, Paris, Egron , 1813, in-32. — Histoire de la condamnation
des Templiers par Dupuy. Bruxelles, 1713, in-8°. — Recherches historiques sur les Templiers et sur leurs croyances religieuses. Paris,
1835, in-8°.

faites, les dots que les frères apportaient à l'ordre, le trafic des réceptions, les sacrifices que s'imposaient les familles pour y faire entrer leurs enfants, le change et la banque établis dans diverses maisons pour les croisés ou les pèlerins allant au delà des mers, les fonds que l'Ordre prêtait aux princes et aux États, enfin les trésors transportés d'Acre à Chypre et de Chypre au Temple, tout cela en faisait une puissance imposante. — Le nombre immense des affiliés, la facilité de ranger sous sa bannière, en divers points, de gros corps de troupes; des ressources en argent suffisantes pour soudoyer des auxiliaires, comme ils le faisaient en Palestine avec les Tartares pris à leur solde; une milice supérieure à toutes celles de l'Europe en bravoure, en discipline et en tactique, une masse de forteresses répandues sur tous les points importants, une flotte puissante en Orient, et jointes à cela, la vigueur et la force du régime, sous le pouvoir entier et despotique du grand Maitre, l'activité dans l'intrigue et l'habileté dans la politique suivie, rendaient cette puissance encore plus redoutable.

D'ailleurs, bien des causes de haine existaient encore entre eux. Après les Vêpres siciliennes, et le frère de saint Louis chassé du trône, les Templiers avaient donné des secours aux Aragonais, auteurs de cette révolution, ce qui avait profondément blessé Philippe. A l'époque des démêlés avec Boniface VIII, ils avaient fait sortir de France de grandes masses

d'argent, contrairement aux ordonnances. Dans les
émeutes de Paris, au sujet de l'altération des mon-
naies, ils s'étaient montrés ouvertement contre l'autorité royale, et actifs à souffler le feu qui s'allumait
contre elle. Dans tous les États où ils résidaient, ils
ne voulaient reconnaître aucune autorité temporelle
ni spirituelle; en Espagne ils avaient opposé une
résistance terrible à l'autorité royale, et à Mayence
ils avaient montré une attitude menaçante. Jacques
Molay avait puissamment aidé le seigneur de Tyr à
détrôner Henri II, qui parvint pourtant à reprendre
ses États; enfin l'ordre avait ouvertement soutenu
les peuples croates dans leur insurrection contre
leur duc André, afin de leur donner un nouveau
prince de son choix. Leur attitude, leurs tentatives
pour s'immiscer dans les secrets d'État, le silence
et les mystères dont ils enveloppaient leur administration intérieure et leur politique extérieure, tout
cela devait les rendre suspects à l'autorité royale,
d'autant plus qu'on parlait ouvertement de plans
tendant au renversement des trônes et à l'établissement d'une république aristocratique. Certes, cela
suffisait bien pour mettre sur ses gardes le gouvernement, surtout quand il était dans les mains d'un
homme comme Philippe le Bel. Quant à leurs
croyances et à leurs hérésies, elles devaient être
probablement connues du pape et l'effrayer pour
l'Église; et c'est sans doute pourquoi on aima
mieux les accuser d'hérésies bizarres, de croyances

absurdes, de rapports diaboliques, plutôt que de divulguer une croyance qui, avec le martyre, eût pu faire de nombreux prosélytes.

Certes, loin de moi la pensée de défendre la procédure cruelle suivie contre plusieurs membres de l'Ordre, et la torture appliquée dans la suite aux interrogatoires; loin de moi la pensée de croire toutes les absurdités dont on les accusa à dessein, probablement. Mais, au milieu de toutes ces cruautés et de toutes ces infamies, le fond de l'accusation était vrai; ils le savaient, et c'est ce qui fit avouer, à plus de trois cents membres non encore soumis à la torture, des faits qui nous paraissent si extraordinaires, mais qui s'expliquent quand on connaît le fond de leur doctrine renouvelée des initiations égyptiennes et hébraïques, leur affiliation aux francs-maçons de l'Orient, et les vices que les grands Maîtres avaient laissé introduire dans l'Ordre, afin, probablement, d'augmenter leur pouvoir.

Malgré tous leurs efforts et leurs alliances, ils venaient de perdre la puissante ville d'Acre en 1291. Ayant fait de nouvelles tentatives pour reprendre pied en Syrie, mais, chassés de nouveau, ils désespérèrent de s'y rétablir, et, après une courte résidence à Chypre, se déterminèrent à revenir en Europe y fixer leur établissement central. Aussi est-ce muni de tout son matériel, du trésor, des chartes et des archives, et suivi de tous ses grands officiers, que Molay débarqua en France. C'est ce qui accéléra, probablement, leur perte. Philippe le Bel, s'entendant depuis longtemps, à ce sujet, avec Clément V, qui doutait encore, par un coup de main hardi les fit tous arrêter en France le même jour, 13 octobre 1307, et s'établit immédiatement lui-même avec toute sa cour au Temple. Il fit commencer de suite l'instruction par Guillaume de Paris, archevêque de Sens, et cependant Clément V eut tant de peine à croire à cette hérésie redoutable, qu'il suspendit d'abord la poursuite de ce prince ainsi que la commission des inquisiteurs français. Ce n'est qu'après avoir fait interroger en sa présence soixante-douze chevaliers, en homme intéressé à les trouver innocents, et n'avoir exigé d'eux d'autres serments que de répondre aux questions qui leur seraient faites ; ce n'est qu'après leurs aveux, prononcés en présence des notaires, qu'il fut bien forcé de reconnaître leur culpabilité, qu'il révoqua la suspension des évêques, et permit qu'on suivît pour leur jugement le dispositif de Philippe le Bel. A la commission française fut adjointe, en 1309, la commission papale composée des archevêque de Narbonne, évêques de Bayeux, de Mende, de Limoges, archidiacre de Rouen, Jean de Mantoue, archidiacre de Trente, Jean de Montlaur, archidiacre de Maguelone, et le prévôt d'Aix, Guillaume Agassin.

Cinq cent quarante chevaliers, ayant à leur tête Jacques Molay, Guy dauphin d'Auvergne, etc., et plusieurs grands prieurs, comparurent et firent presque tous des aveux. Le 12 mai 1310, cinquante-quatre d'entre eux, qui s'étaient chargés de la défense de l'ordre, furent brûlés. Le concile de Vienne prononça l'abolition de l'Ordre, qui fut confirmée par une bulle le 2 mars 1312. Molay, Guy d'Auvergne et Hugues Peyraut, gardés en prison, furent brûlés dans l'île du palais, sur le terre-plein du Pont-Neuf, le 18 mars 1314. Molay rétracta ses aveux sur l'échafaud. Quant à l'appel à comparaître au tribunal de Dieu, qu'il aurait fait à Philippe le Bel et à Clément V, rien n'en prouve l'authenticité. L'Ordre fut détruit presque partout; les biens-fonds furent abandonnés aux chevaliers de Malte, et les trésors destinés à une nouvelle croisade; mais le pape et le roi en prirent, dit-on, la meilleure part.

L'ordre du Temple avait reçu le coup mortel. En Angleterre, dans la Castille, l'Aragon, en Allemagne, dans le royaume de Naples, ils furent détruits, et leurs biens ou dilapidés ou donnés aux autres ordres religieux. En Portugal, le roi Denis constitua avec leurs biens un nouvel ordre religieux, les chevaliers du Christ, où il admit des Templiers réformés, mais sans aucune de leurs anciennes immunités et sous la dépendance entière du chef de l'État. Mais, comme cet ordre illustre et puissant avait pour lui une partie des classes intelligentes et un grand nombre d'esprits hardis et aventureux qui constituaient alors, contre les abus féodaux, ce qu'on appellerait aujourd'hui l'Opposition, de leurs cendres naquirent plusieurs institutions mystiques ou philosophiques dont je parlerai tout à l'heure; mais, avant d'aborder ce sujet, disons un mot des nouvelles luttes que l'Église et l'État avaient soutenues contre les Albigeois.

§ V.

Les Albigeois (1).

Vers le commencement du XIIe siècle, l'hérésie de Manès, avec cette base commune à toutes les sectes et hérésies, ce problème éternel pour l'esprit humain, la création du monde, l'hérésie de Manès qui s'était presque éteinte avec Arrebert, dernier roi arien des Lombards, s'était rallumée dans le midi de la France; les sectaires s'étaient promptement répandus dans le Languedoc et la Provence, principalement à Albi, d'où ils avaient tiré leur nom d'Albigeois, à Béziers, à Carcassonne, à Montauban, commettant des cruautés horribles sur les catholiques, et ils avaient été soutenus par Raymond, comte de Toulouse, et Roger, vicomte de Béziers. Le rôle de l'Église était difficile, l'hérésie triomphait dans le Midi, l'Église y avait perdu sa puissance; les églises étaient abandonnées, on n'administrait plus les sacrements; les

(1) VOIR. — Les Illuminés, par Gérard de Nerval.

prêtres revêtus du sacerdoce s'étaient laissé corrompre, et cela au moment des Croisades, au moment où serfs, chevaliers et rois allaient en Orient combattre les infidèles.

Cependant l'état religieux du Midi importait beaucoup plus à l'Église que la conversion des Sarrasins, et l'état religieux du Languedoc était devenu pour le culte chrétien, dans cette province, une question de vie et de mort; aussi l'Église agit-elle avec la vigueur et la résolution impitoyables qui caractérisent ces temps barbares.

Alexandre III les excommunia en 1179, au troisième concile de Latran, et Innocent III prêcha bientôt contre eux une croisade, qui commença en 1204, et fut dirigée par Pierre de Castelnau, le légat Milon, Arnaut, abbé de Cîteaux, et Simon de Montfort. Toutes les cruautés les plus horribles furent commises dans cette croisade, et 60,000 hommes, femmes et enfants furent massacrés à la prise de Béziers. Raymond fut complétement dépouillé de ses États en 1215. En 1219, Louis, fils de Philippe-Auguste, commença contre eux une nouvelle croisade, prit Avignon, et détruisit presque tout ce qui restait d'Albigeois; le reste se fondit dans la secte peu importante des Vaudois. Toute la féodalité du Nord marcha contre le Midi dans cette croisade; cette tentative d'organisation républicaine, basée sur une hérésie, fut vaincue, et le régime féodal fut rétabli dans toutes ces provinces.

§ VI.

Les successeurs des Templiers (1).

Il est maintenant nécessaire d'examiner avec soin quel est le mouvement qui va se produire à cette époque dans les esprits. L'Ordre du Temple était détruit, mais un grand nombre de chevaliers existants et errants, une masse d'esprits aventureux, pratiquant la magie, l'alchimie, initiés aux mystères de la philosophie égyptienne, que leur avaient transmis ces Juifs d'Alexandrie, successeurs des Thérapeutes, les frères maçons, tout-puissants surtout en Angleterre et en Écosse, avec leurs initiations secrètes et antiques, les esprits hardis qui luttaient contre le pouvoir féodal et la toute-puissance de Rome, toutes ces idées, vieilles comme le monde, allaient former de nouvelles sociétés, et donnaient déjà naissance, sans s'en rendre compte, à la Réforme et à la philosophie.

En effet, Jacques Molay, avant de mourir, voyant les malheurs et la ruine de son ordre, avait désigné d'avance, pour son successeur, Jean-Marc Larménie de Jérusalem, qu'il investit de l'autorité patriarcale

(1) Voir. — Manuscrit du prince de Hesse. — Papiers des grands Maîtres du Temple, en ma possession.

et de la puissance magistrale; celui-ci légua ses pouvoirs, par une charte de transmission, à Thibaut d'Alexandrie en 1324, et, depuis lors, l'Ordre, resté secret et qui ne put jamais se faire reconnaître par aucun État, a continué d'exister, et la succession de ses grands Maîtres, qui compta beaucoup d'hommes illustres et influents, n'a jamais été interrompue; nous les retrouverons plus tard.

D'un autre côté, plusieurs chevaliers, se sauvant de France, avaient gagné l'Écosse, l'Orient et le Portugal. — Ceux d'Écosse, trouvant les frères maçons tout-puissants, et initiés eux-mêmes à la maçonnerie, ne tardèrent pas, avec l'appui de Robert Bruce, à modifier cet ordre et à créer même une nouvelle secte, celle de la maçonnerie écossaise, qui, avec les Stuarts, reviendra bientôt s'implanter en France.

Ces chevaliers, rassemblant les grades qu'ils connaissaient, y substituèrent de nouveaux noms, et, se mêlant aux francs-maçons, y apportèrent une partie de leurs idées, et leur donnèrent une nouvelle impulsion. — Plusieurs d'entre eux, parmi lesquels étaient cinq Français, dont un appelé Antoine Perrent, arrivés en Angleterre, sous la conduite d'Anne de Beaujeu, neveu de Molay, qui, dit-on, avait rassemblé ses cendres pour leur donner la sépulture, se réunirent à Coventry pour gagner la frontière d'Écosse, où Édouard II leur avait donné des terres près de Bettingham; le 8 avril 1312, réunis en grande assemblée, ils reconnurent comme chef le maître des Francs-Maçons, Henry Fitz Edwin. — La loge d'Édimbourg, qui eut bientôt quatorze succursales, posséda seule les secrets des maîtres. — Mais ces Templiers se perdirent petit à petit dans la maçonnerie; quelques-uns cependant restèrent principalement dans l'ordre du Chardon.

D'autres chevaliers se réfugièrent en Suède, où les francs-maçons avaient déjà une loge à Upsal et, remaniant le rite, y fondèrent le système suédois; c'est depuis cette époque que l'on y vit les grades de chevalier d'Orient, de vrai Templier, de Commandeur et de magister Templi.

En France, d'autres chevaliers, quittant l'ordre désormais caché et, pour ainsi dire, inconnu, formèrent l'ordre de l'Étoile Flamboyante et celui des Rose-Croix, qui, dans le xve siècle, se répandit dans la Bohême et la Silésie. — Tout grand officier de ces ordres devait porter toute sa vie la croix rouge et dire tous les jours la prière de saint Bernard. Mais en même temps qu'une masse d'esprits hardis et distingués, étrangers aux travaux matériels, allaient envahir la Franc-Maçonnerie, les ouvriers, artisans, petit à petit évincés, allaient constituer le compagnonnage, ces grandes corporations populaires qui n'offraient guère de danger pour la société que par les idées subversives ou mauvaises que des membres délégués pouvaient, à certains moments, répandre de villes en villes.

En Allemagne, les tribunaux secrets des Francs-Comtes ou de la Sainte-Vehémé allaient prendre un nouvel essor et devenir une puissance terrible et redoutable.

En Italie, les idées, alors plus philosophiques, allaient donner naissance à ces hardis penseurs, les Marsile Ficin, Pic de Mirandole, Meursus, Jordano Bruno, etc., qui, favorisés par les Médicis, allaient former les Néo-Platoniciens de Florence.

Enfin, avec Luther allait naître la réforme.

§ VII.

Les Francs-Juges (1).

Nous avons vu la Franc-Maçonnerie passer en Allemagne à la suite de Charlemagne; elle y resta assez longtemps à l'état de compagnonnage, puis ne tarda pas à donner naissance, comme toujours, à différentes sociétés secrètes. — Une des plus terribles fut celle des Francs-Juges. Cette association mystérieuse, connue sous le nom de Sainte-Vehémé et établie primitivement en Westphalie, avait soi-disant pour but de maintenir la paix publique et

____

(1) Voir. — Des Sociétés secrètes en Allemagne et autres contrées de la secte des Illuminés; du tribunal secret de l'assassinat de Kotzebue. Paris, Gide, 1819, in-8°. — Histoire du tribunal secret par le B. de Bock. L. L., 1799, in-8°. — Manuscrit du prince de Hesse.

d'instruire sur tous les crimes qui lui étaient contraires. Les membres de ces tribunaux s'enveloppaient du mystère le plus profond, et avaient, dans toute l'Allemagne, des initiés qui leur déféraient les coupables. Tout initié ou Wissend, revêtu d'un pouvoir terrible par le Vehémé Gericht ou Tribunal des liens, était tenu d'exécuter le jugement du tribunal dès qu'on l'en chargeait, et le condamné était frappé par une main inconnue. — Dans les anciens actes restant encore à Dortmund, les membres de ces tribunaux sont assez souvent désignés sous le nom de Rose-Croix, et il y avait trois degrés d'initiation, les francs-juges, les véritables francs-juges, qui mettaient à exécution les sentences des premiers, et les saints-juges du tribunal secret dont la charge était d'observer et de parcourir le pays, et de faire le rapport de tout ce qui s'y passait. Ils avaient des signes et des paroles, pour se reconnaître entre eux. Les grands Maîtres, et, à leur défaut, les Francs-Comtes, présidaient les séances qui se tenaient presque toujours dans des cavernes. Tout endroit, suivant la règle, pouvait servir à une séance du tribunal secret, pourvu qu'il fût inconnu et désert. L'accusé ne pouvait donc deviner le lieu où s'assemblaient les francs-juges, car, dès qu'il était cité, il se rendait avant minuit sur la place la plus voisine, et là il trouvait un franc-juge qui le conduisait en silence au tribunal, après lui avoir bandé les yeux. Le délai ordinaire d'une citation était de six semaines et quatorze nuits. — On l'attachait à la maison de l'accusé, à la statue d'un saint, dans les environs, ou au tronc des pauvres, toujours placé en rase campagne, à côté de quelque crucifix; les gardes de nuit ou les passants en informaient l'accusé. — S'il était condamné à la séance, la sentence s'exécutait presque toujours immédiatement, et il était étranglé sur place.

La terreur inspirée par ces tribunaux était extrême, surtout en Westphalie, vers la fin du XIIe siècle. En 1371, après la paix publique de Westphalie, ces terribles initiés, renforcés par les Templiers errants et proscrits, s'établirent en grand nombre dans la Souabe et la Franconie, toute la partie orientale de l'Allemagne qu'on appela le Pays Rouge, et le siége principal de la Sainte-Vehémé fut dès lors établi à Dortmund et Westphalie. Les abus devinrent tellement grands, leur pouvoir inquisitorial et meurtrier tellement puissant et redoutable, que les empereurs Sigismond, Albert et Frédéric II firent tous leurs efforts pour les faire disparaître; mais on n'en vint guère à bout que dans le XVIIe siècle, et, à leur dispersion, l'Allemagne était en proie aux Luthériens, aux Calvinistes et aux Unitaires, qui renouvelaient une partie des croyances des Gnostiques.— En même temps prenait naissance la secte des Rose-Croix qui infesta l'Allemagne au XVIIe siècle. En 1615, Valentin Andreæ publia leurs doctrines, qui gagnèrent bientôt la France, et donnèrent lieu à ces

disputes stupides sur les esprits de l'abbé de Villars,
du père Bougeant, et de don Pernetty.

§ VIII.

La charte de transmission des Templiers. — L'ordre de succession des grands Maîtres (1).

En France, nous avons vu que, après la mort de
Jacques de Molay, Jean de Larménie prit la direction secrète de l'Ordre restant amoindri, affaibli, ne
pouvant vivre au grand jour, mais encore puissant
par ses relations, ses affiliations maçonniques et son
influence secrète. Depuis lors, l'ordre des grands
Maîtres s'est succédé sans interruption. Les uns,
honnêtes et sincèrement attachés à leur pays, ont
profité de l'influence secrète pour rendre des services
qui ont illustré leur nom; mais d'autres, et en plus
grand nombre peut-être, ont abusé de leur pouvoir
pour causer des troubles et des guerres civiles qui
ont déchiré le pays. — Tout l'esprit de l'ordre rési-
dant habituellement dans le grand Maître, qui a
un pouvoir absolu, il nous suffira de suivre la liste

(1) VOIR. — Papiers relatifs à l'ordre du Temple (papiers de la collection Morand en ma possession). — Manuel des chevaliers de l'ordre
du Temple (Paris, 699, in-8°, avec la feuille retranchée). — Discours
d'un grand Maître sur saint Jean l'évangéliste. — Papiers relatifs au
couvent de Versailles. — Liste des chevaliers, etc. (manuscrits en ma
possession). — Papiers des grands Maîtres, etc. (*id.*).

des grands Maîtres pour voir quelle put être leur influence suivant les époques.

1314. Jean-Marc Larménie donne la charte de transmission le 13 février 1324, et crée quatre lieutenants généraux.

1324. François-Thomas Théobald d'Alexandrie.

1340. Arnauld de Braque.

1349. Jehan de Clermont.

1357. Bertrand Duguesclin, qui rendit tant de services à la France et au roi, et usa de son pouvoir pour délivrer la France des grandes Compagnies.

1381. Jehan d'Armagnac, qui commença déjà à organiser la lutte contre la couronne.

1392. Bernard d'Armagnac, le chef de la faction des Armagnacs, qui fut un instant maître du Paris, connétable, premier ministre, et fut enfin massacré par la populace exaspérée de sa tyrannie et de ses exactions.

1419. Jean II d'Armagnac, accusé sous Charles VII d'avoir des intelligences avec les Anglais, et banni de France par le parlement.

1451. Jean de Croy.

1472. Bernard Imbault, régent de l'Ordre.

1478. Robert de Lenoncourt.

1497. Galéas de Salazar.

1516. Philippe de Chabot, fait prisonnier à Pavie, conquit ensuite le Piémont; puis, sous prétexte de malversation, fut destitué et emprisonné pendant dix ans.

1544. Gaspard de Saulx-Tavannes, célèbre par sa bravoure, sa haine contre les réformés, fait maréchal, en récompense des batailles de Jarnac et de Moncontour, et un des instigateurs de la Saint-Barthélemy.

1574. Henry de Montmorency, si haï de Catherine de Médicis et des Guise, qui se mit à la tête de la faction des politiques, et régna en souverain dans le Languedoc jusqu'au règne de Henri IV.

1615. Charles de Valois.

1651. Jacques Rouxel de Grancey.

1681. Jacques Henry de Durfort, duc de Duras, qui se distingua sous Turenne et Condé, suivit Condé rebelle à son roi, puis rentra en grâce, et fut gouverneur de la Franche-Comté.

1705. Philippe duc d'Orléans, qui accepta la grande Maîtrise au moment où, en l'Espagne, il espérait renverser Philippe V et monter sur le trône à sa place. Il fit renouveler les statuts généraux de l'ordre dans un convent général tenu à Versailles le 25 mars 1705.

1724. Louis-Auguste de Bourbon, duc du Maine, célèbre par les inspirations et les intrigues perpétuelles de sa femme.

1737. Louis-Henri de Bourbon, prince de Condé, ce triste successeur du régent.

1741. Louis-François de Bourbon, prince de Conti, qui fit la belle campagne du Piémont.

Mais, avant d'arriver au grand Maître qui dirigeait

l'Ordre au moment de la Révolution, et dont l'action fut, du reste, nulle sur cette révolution, il nous faut retourner à l'époque du Régent, d'où date tout le mouvement dans les esprits, et démontrer comment la maçonnerie devint un des grands moyens d'action dans les mains des adversaires de tout système religieux et monarchique.

§ IX.

Les Francs-Maçons en Angleterre et Cromwell (1).

Nous avons vu qu'à la destruction de l'ordre du Temple la Franc-Maçonnerie, protégée par les Anglais, était toute-puissante en Écosse, et que, dès 1150, la grande assemblée des frères avait lieu à Kilwinning. Henry II, Jean sans Terre la protégèrent, et Robert Bruce lui donna un nouvel essor en Écosse ; avec l'aide des Templiers réfugiés, il réforma l'Ordre,

---

(1) Voir. — Annales magni Galliarum de Thory. Paris, 1812, in-8°. — Acta Lactomorum, Thory. Paris, 1815. — Manuscrits de la Collection du prince de Hesse (en ma possession). — La Franc-Maçonnerie rendue à sa véritable origine, par A. Lenoir. Paris, 1814, in-4°. — Histoire philosophique de la Franc-Maçonnerie, par Kauffmann et Cherpin. Lyon, 1850, in-4°. — Des Sociétés secrètes en Allemagne, etc. Paris, Gide, 1819, in-8°. — Mémoires pour servir à l'histoire du Jacobinisme par Barruel. Hambourg, 1803. — Recherches politiques et historiques qui prouvent l'existence d'une secte révolutionnaire, etc., Mallet. Paris, 1817.

et fonda la maçonnerie écossaise en basant ses réceptions sur celle de l'ordre du Temple. Jacques Ier et
Jacques II continuèrent à les protéger. — Tous ces
malheureux souverains ne se doutaient guère où
pourraient les mener les sociétés secrètes, et quelle
puissance elles pourraient devenir si elles tombaient
dans les mains d'un homme intrigant et dissimulé;
leurs descendants devaient en faire une cruelle
épreuve. — Le parlement d'Angleterre avait pourtant
proscrit les Francs-Maçons en 1425, et Elisabeth,
en prévoyant le danger avec son coup d'œil politique,
renouvela contre eux ces rigueurs en 1561.

Cromwell, confondu dans les rangs de l'armée et
longtemps inconnu, initié supérieur des mystères
maçonniques, résolut de s'en servir pour organiser
sa vaste conspiration. — Sa politique et son génie
puisaient une partie de leur force dans la profondeur
de sa dissimulation, et obligé, pour arriver à son
but, de réunir une foule de sectes, les Presbytériens,
les Indépendants, les Niveleurs, il joua le rôle d'inspiré. « Comment voulez-vous, disait-il à Fairfax,
que des portefaix de Londres et des garçons de
boutique résistent à des troupes disciplinées con-
duites par le fantôme de l'honneur? Présentons-leur
un plus grand fantôme, le fanatisme. — Nos ennemis ne combattent que pour le roi, persuadons à
nos gens qu'ils font la guerre pour Dieu. — Donnez-
moi une patente, je vais lever un régiment de frères
meurtriers, et je vous réponds que j'en ferai des

hommes invincibles. » Il connaissait trop bien le
cœur humain pour ne pas sentir que sa morale divi-
serait ses disciples, aussi ne la divulgua-t-il jamais
ouvertement. Il divisa la société en trois classes, imagina des signes et des emblèmes nouveaux, et com-
pléta son organisation par le serment et le secret.
Pour que le fond de sa pensée devînt impénétrable,
il demanda la république afin de devenir roi.
Charles Ier et Hamilton exécutés, toute l'Angleterre
fut couverte de comités secrets composés de ses
partisans qui, insensiblement, formèrent des corporations, dont chacun s'efforça de faire partie, les
uns par cruauté, les autres par flatterie ou par va-
nité; mais, comme toujours, le secret resta entre
un petit nombre d'initiés. Parvenu au pouvoir,
Cromwel s'appuya d'abord sur ses anciens amis les
Niveleurs, dont les premiers symboles avaient été
l'équerre et le compas; un instant, on put croire
qu'il rêva la liberté, l'égalité et la loi naturelle, car,
pour sa propagande à laquelle il affecta des fonds
considérables, il partagea la terre en quatre grandes
divisions. La Franc-Maçonnerie avait servi et puissamment contribué à cette révolution; elle en sor-
tait toute-puissante et restaurée, mais bientôt elle
allait être dépassée par les Niveleurs les plus hardis, les plus exaltés, les plus puissants des républicains qui, avec Harrisson, allaient conspirer contre
Cromwel.

§ X.

La Franc-Maçonnerie et les Stuarts (1).

Instruit par l'exemple de Cromwell, Charles II essaya des mêmes moyens. Lorsqu'il vint en Écosse, en 1650, il entra et fit entrer tous ses partisans dans la Franc-Maçonnerie, espérant contre-balancer le pouvoir de ses ennemis et s'en servir comme Cromwell l'avait fait, pour agir sur les masses; aussi la Franc-Maçonnerie écossaise passa-t-elle d'Angleterre en France sous Jacques II, et s'établit avec lui et ses Irlandais dans le château de Saint-Germain. C'était ce qu'on appelait le parti ou le rite écossais, qui était pour les vues et le rétablissement de ce prince. Ce parti établit donc, en France et en Angleterre, des loges sous des formes nouvelles et particulières, et jeta ainsi les premières bases de la confusion qui régna et qui règne encore parmi les Francs-Maçons de France, d'Allemagne et de Hollande. C'est alors que fut établi le grade de chevalier de Saint-André, qui fut donné en place de celui de maître, et sous le voile duquel Jacques II

______

(1) Voir. — Papiers du prince de Hesse. — Histoire philosophique de la Franc-Maçonnerie, par Kauffmann et Cherpin. Lyon, 1850, in-8°. — Les Illuminés de Gérard de Nerval.

rassemblait ses partisans. Aussi, dans la réception, la terre de promission signifiait la Grande-Bretagne, Jérusalem Londres, le roi Keneth II Jacques II; l'Écosse fut la France, etc. Mais les anciennes loges anglaises, qui n'avaient pas adhéré à celles de Jacques II, travaillèrent à rétablir une grande maîtrise, et firent paraître, en 1723, les constitutions d'Anderson.

Bientôt cette Franc-Maçonnerie se répandit et vint donner un nouvel essor à la Franc-Maçonnerie française, mais l'action des Stuarts y dura peu. Ce furent principalement lord Derwent-Waters et le chevalier Maskelyne qui fondèrent les grandes loges françaises en 1725, et lord Derwent-Waters en est considéré comme le premier grand Maître. Mais l'orateur de ces loges était le fameux Ramsay, célèbre docteur écossais, qui avait été converti au catholicisme par Fénélon, avait élevé le prince de Turenne et les fils de Jacques III à Rome, puis avait quitté Rome pour aller en Angleterre et ensuite en France, où il était devenu intendant du prince de Turenne (depuis, duc de Bouillon). — Il fut, plus tard, le lien entre Charles Édouard, Marshall et le baron de Hundt. Des cérémonies se rapprochant du culte catholique furent alors introduites dans les loges vers 1735 ou 1740, et données dans le grand Chapitre de Clermont, où apparurent les trois grades de chevaliers de l'Aigle ou Maîtres élus, chevaliers illustres ou Templiers et chevaliers sublimes. L'institution de ce grand Chapitre, qui ajoutait des formes du catholicisme à une institution analogue à celle des Jésuites, fut attribuée au prince de Clermont, alors grand Maître; mais elle fut due plutôt à l'introduction de plusieurs Templiers hardis qui jetèrent les bases des grades de chevalier d'Orient et de Rose-Croix.

Bientôt, outre tous ceux qui, en les fondant, avaient un but secret et politique, on vit accourir dans les loges tous les mécontents, les alchimistes, les fripons et les fous, et tous ces fameux Rose-Croix qui avaient déjà fait parler d'eux dans le siècle précédent, prétendant avoir des secrets merveilleux, l'art de faire de l'or, le remède universel pour tous les maux et la connaissance des propriétés merveilleuses du Nostoch, et dont l'abbé de Villars, ancien initié, se permit, dans le *Comte de Gabalis*, de livrer à la curiosité publique toute la doctrine sur le monde des esprits. — Cette révélation lui coûta la vie, mais anéantit aussi cette secte qui se fondit dans la maçonnerie et donna son nom à un des grades, le Rose-Croix.

CHAPITRE IV.

LES SOCIÉTÉS SECRÈTES AU XVIIIe SIÈCLE ET LEUR OEUVRE.

---

§ Ier.

La Franc-Maçonnerie en France (1).

Voilà quel était donc l'état des sociétés secrètes en France au commencement du xviiie siècle. Elles avaient un grand appui dans Philippe d'Orléans, grand Maître du Temple qu'il reconstitua dans le grand convent de Versailles; lié avec l'opposition qui contrariait la marche du gouvernement, insouciant et rebelle à toute croyance, avide de nouveautés, et plongé dans toutes les sensualités; puis arrivé au pouvoir, revenant sur ses premières mesures, brisant les parlements, et parti du principe des concessions

---

(1) Voir. — De l'influence de l'esprit philosophique et de celle des Sociétés secrètes sur le xviiie et le xixe siècle, par M. Forgame. Paris, 1858. — Manuscrits du prince de Hesse.

et de la popularité, pour arriver à l'expression la plus centralisée du pouvoir absolu ; encourageant les gens de lettres à détracter l'autorité royale et à couvrir d'épigrammes le gouvernement et ses ministres, poussant tous ses courtisans à l'impiété, portant le dévergondage à ses allures les plus dissolues, entraînant les philosophes et ses amis à se railler du catholicisme et du clergé, aidant à la formation de ces sectes de philosophie dont la mission était, disait-on, de détruire les préjugés, mais bien plutôt d'enseigner à l'homme qu'il n'était que chair et matière, et qu'après lui tout était mort ; belle conquête pour l'esprit humain, qui conduisait toute cette école du désespoir à se plonger jusqu'à l'abrutissement dans toutes les jouissances de la sensualité.

Puis, après le régent, le duc de Bourbon, son successeur dans la grandre Maîtrise, qui offrit le premier à la France le scandale d'une courtisane placée à la tête des affaires publiques, et s'en emparant comme d'une proie à partager avec les agents de ses intrigues. A la courtisane, l'argent qu'on remettait avant à Dubois, le favori du régent. Tout se vendit à la cour, place, honneurs, dignités, grâces ; on renvoya l'infante d'Espagne, pour donner au Roi une femme qu'on pût facilement dominer. C'est ainsi que ces deux grands Maîtres du Temple avilissaient l'autorité royale et faisaient accroître sans cesse la haine contre le gouvernement.

La Franc-Maçonnerie, remise en honneur en France par les Derwent-Waters, les Harnouester, réorganisée par les Ramsay, n'allait pas longtemps servir les Stuarts, mais elle allait, au contraire, recevoir dans son sein tous les adversaires de l'autorité royale, tous les compagnons impies du régent, tous les philosophes naissants, tous ces admirateurs, alors nombreux, du système anglais, qui commençaient déjà à disserter sur les droits de la souveraineté des peuples, sur les trois pouvoirs qui n'obéissaient plus à rien sans discuter sur tous les faits du gouvernement, tous ces esprits fanatiques d'alchimie et de magie, les Rose-Croix, les Kabalistes, les Théosophes qui se prétendaient instruits des vérités sublimes et se regardaient comme les intermédiaires entre l'homme et la Divinité. Pour calmer les appréhensions du gouvernement, les loges choisissaient pour grands Maîtres le duc d'Antin, puis le prince de Clermont ; et Charles Edouard, dont nous allons reparler tout à l'heure, fondait, à Arras, la grande Loge maçonnique sous le nom d'Écosse jacobite, en donnait le gouvernement à MM. Robespierre et de Lagnau, et créait à Toulouse la loge de la Vieille-Bru ou des Écossais fidèles.

Mais il est nécesaire d'étudier avec soin quels furent les rapports de Charles-Édouard avec toutes les sociétés secrètes, ce qui pourrait peut-être expliquer les mesures extraordinaires prises contre lui en France où l'on commençait à les redouter beaucoup.

§ II.

La stricte Observance et Charles-Édouard (1).

En 1741, un certain Allemand, délégué maçonnique, le baron de Marshall, arriva à Paris au moment où venait de se tenir le grand Chapitre de Clermont, formé un peu sous l'influence templière. Il s'entendit avec Ramsay et les autres adhérents des Stuarts et de Charles-Édouard, et jeta les bases d'une nouvelle secte, celle de la stricte Observance, et, aussitôt son retour en Allemagne, il fonda deux loges de ce rite en Saxe, l'une des *Archimèdes* à Altenbourg, l'autre de la *Minerve aux trois palmes* à Leipsick.

Sur ces entrefaites, arriva à Leipsick un M. de Leissay, prisonnier de guerre français qui, lui-même initié supérieur, donna une nouvelle impulsion à ces loges; cependant le véritable fondateur de cette secte fut le baron de Hundt, qui vint à Paris au moment ou le Prétendant, n'ayant pas réussi dans sa descente de 1744 et n'ayant pas eu plus de succès dans son invasion de 1745, était re-

(1) Voir. — Papiers du prince de Hesse. — Histoire philosophique de la Franc-Maçonnerie, par Kauffmann et Cherpin. — Lyon, 1850, in-8°. — Papiers de la secte de la stricte Observance [de la collection du prince de Hesse en ma possession].

venu en France, après la prise du comte de Kilmarck, grand Maître du Rite écossais, qui avait été exécuté à Londres en 1746 comme rebelle. De Hundt s'entendit avec le Prétendant, et lui persuada qu'il lui obtiendrait une immense influence sur toute l'Allemagne. Pour donner une nouvelle impulsion et un nouveau lustre à sa secte, il imagina de la présenter comme la continuation directe des Templiers, et amalgamant les ordonnances du chapitre de Clermont avec ce qu'on savait des statuts des Templiers, il en fit la constitution de son nouvel ordre. Il fabriqua une liste de soi-disant grands Maîtres depuis Molay jusqu'au Prétendant, mais n'en put jamais fournir de preuves. D'après lui, Charles-Édouard aurait présidé un grand Chapitre de Templiers à Aberdeen en 1745.

En tout cas, lorsque Charles-Édouard vint plus tard en Allemagne chercher sa femme, la comtesse de Stolberg, il donna à de Hundt une patente de grand Maître pour l'Allemagne, en l'antidatant, et ce fut la seule preuve que de Hundt put fournir plus tard au convent de Kohlo pour sa légitimation. Tous les initiés firent alors tourner la tête à ce malheureux prince, en lui persuadant qu'il avait une force et un appui immenses en Allemagne, et en voulant obtenir de lui des concessions de terrains et de principautés dans un pays qu'il n'avait même pas. Ce fut un peu la cause de la façon ridicule dont il entra à Rome en se faisant proclamer roi par des hérauts.

Quant au baron de Hundt, à son retour de France, il s'était entendu avec le baron de Marshall, auquel il s'était adressé et auquel il succéda. C'est alors qu'il créa le septième grade et la branche supérieure des Clercs, dont la formation fut due en partie au docteur Stark, qui cultivait la magie naturelle et divine, l'alchimie et la chimie.

Quel fut le but de la secte de la stricte Observance?

Servaient-ils réellement les Stuarts, ou, sous ce prétexte, poursuivaient-ils un autre but? — Travaillaient-ils, comme ils le disaient, au rétablissement des Templiers et étaient-ils imbus des mêmes doctrines? C'est un point fort difficile à résoudre. En tout cas, ils exigeaient des initiés une obéissance aveugle, et un moment leur pouvoir fut immense en Allemagne et prépara les voies aux Illuminés.

En 1763, de Hundt se fit reconnaître, à Unwarden, grand Maître de la septième province (l'Allemagne), et au grand convent des soi-disant Templiers à Altenbourg il reconnut comme grand prieur un aventurier nommé Johnson. Bientôt, craignant d'être trahi par lui, il le dénonça, le fit arrêter et transporter au château de Wartbourg près d'Eisenach, château qui était sous les ordres du conseiller intime de Fritsch, tuteur du prince mineur de Weimar. Là Johnson fut entretenu quelque temps aux frais de la secte, puis on le fit mourir subitement.

Pour montrer quel fut un moment le pouvoir de

la secte, je vais choisir, au milieu de la liste manuscrite que j'ai dans les mains, les noms de quelques clercs de la Branche supérieure :

Baron de Hundt, seigneur d'Alten-Grottkau, conseiller intime du duc de Saxe-Weimar ;

De Lestwitz, colonel à Brunswick ;

De Brüch, général polonais ;

Bode, conseiller intime du duc de Weimar ;

Krügger, conseiller intime à Berlin ;

Görsdorf, chambellan à Gorlitz ;

De Both, colonel à Wismar ;

De Finkenstein, président de la régence à Kœnigsberg ;

Le margrave Ch. Al. d'Anspach–Bayreuth (*eques ab numismato*) ;

Charles, duc de Courlande (*eques ab coronis*) ;

Fristch, conseiller intime du duc de Weimar ;

Lavater, grand prieur d'Helvétie (*eques ab Esculapio*) ;

Baron de Suckendorf, président de la Chambre à Bayreuth ;

Baron de Wachter, ambassadeur danois à Ratisbonne (*eques ab ceraso*) ;

De Zimmendorf ;

Le prince Charles de Hesse (*eques ab leone resurgente*), qui succéda plus tard, comme grand Maître, au duc de Brunswick ;

Le prince Frédéric de Brunswick (*eques ab leone aureo*) ;

Chrétien Bode, conseiller à Saxe-Gotha ;

De Haugwitz, ministre du roi de Prusse (*eques ab monte Sancto*) ;

· L**e** prince Frédéric de Hesse-Cassel, grand Maître des Bataves à la Haye (*eques ab septem sagittis*);

Charles-Edouard Stuart, grand Maître (*eques ab sole aureo*);

Charles, duc de Sudermanie (*eques ab sole vivificante*) ;

Duc de Havré et de Croix, grand Maître de la deuxième province (l'Auvergne);

Comte de Bernetz, grand Maître de la huitième province (l'Italie) ;

Schwartz, conseiller du roi de Danemark, grand gardien des archives ;

Duc Ferdinand de Brunswick, grand Maître déjà de toute la Franc-Maçonnerie allemande (*eques ab victoria*);

Baron d'Osten, capitaine-général en Courlande ;
Boëhmer, lieutenant-colonel suédois ;
Linder, prédicateur de la cour à Kœnigsberg ;
Baron de Raven (Mecklenbourg), etc., etc., etc.

En somme, la secte de la stricte Observance n'eut pas une grande durée. Révélé au public par l'écrit intitulé la *pierre d'achoppement*, l'Ordre commença à se dissoudre; une partie des initiés entra dans la grande secte des Illuminés où nous les retrouvons, une autre entra dans la Franc-Maçonnerie; le reste continua à végéter assez péniblement jusqu'au congrès de Wilhelmsbad, où, sommés de s'expliquer, ils furent forcés d'avouer qu'ils ne savaient pas au juste d'où ils tiraient leur origine. Le grand Maître de la Maçonnerie, le duc de Brunswick, les suspendit alors pour trois ans. Ce fut pour eux le coup de grâce, car les vrais initiés qui parurent au congrès avaient un bien autre but. Le peu d'individus qui y restèrent fidèles continuèrent à reconnaître comme chef la loge des trois Globes à Berlin. Ils se soutinrent toujours, les descendants des vrais Templiers jurèrent d'obéir aveuglément à leurs supérieurs, et d'exercer une intolérance absolue contre tous les autres rites et systèmes.

En France, pendant ce temps, le roi Louis XIV, prévoyant, comme Élisabeth, tous les malheurs qui pourraient résulter de l'établissement de ces sectes secrètes, fulminait contre elles, menaçant tout grand Maître de la Bastille. De son côté, le Châtelet poursuivait les Francs-Maçons, et Benoît XIV lançait contre eux les foudres du Vatican. Clément XII les renouvela, mais toutes ces mesures étaient ou fâcheuses et inefficaces ou trop tardives. Déjà, outre les Templiers, plus de deux cents loges couvraient la France, et une secte bien plus terrible allait surgir et les rassembler toutes pour préparer la révolution française. Mais, avant d'étudier cette nouvelle secte et de voir comment elle réunit et réorganisa toutes les autres, il est nécessaire de parler un peu du compagnonnage tout florissant à cette époque.

§ III.

Le Compagnonnage (1).

Le Compagnonnage, ainsi que nous l'avons vu,
est aussi vieux que la civilisation. Dès que les hommes ont formé des sociétés civiles, les inégalités s'y
sont établies et ont fait naître des associations diverses. Les classes riches et puissantes et les hommes intelligents (eux-mêmes gouvernants aristocra-
tiques ou démocratiques) se sont réunis et coalisés
pour maintenir leur pouvoir et leurs priviléges. De
leur côté, les classes pauvres, les prolétaires ont
formé des espèces de ligues, d'abord défensives, puis
ensuite offensives; c'étaient les Sociétés secrètes et
le Compagnonnage. Dans toute l'histoire, on peut
suivre leur marche; seulement leur constitution su-
bit plusieurs transformations pour suivre les progrès
du temps et de la civilisation nouvelle, mais le fond
et le but ont toujours été les mêmes. Sous les Égyptiens, les grandes associations d'ouvriers fondées par
Hiram; dans le moyen âge, les Francs-Maçons et les
grandes associations de moines ou d'ouvriers laïques;
puis, quand la Franc-Maçonnerie eut été envahie
par des gens étrangers aux travaux matériels, le

____

(1) Voir. — Le Compagnonnage, par Agricole Perdiguier

Compagnonnage fut définitivement organisé pour arriver à son apogée vers la fin du xviiie siècle.

Suivant ses croyances et ses traditions, le Compagnonnage reconnaît trois fondateurs, Salomon, fils de David, maître Jacques et le père Soubise.

D'après eux, Salomon, voulant construire le temple de Jérusalem, appela à lui les ouvriers les plus célèbres de tous les pays, et la construction du temple terminée, pour récompenser les plus habiles de leurs travaux, il leur donna un devoir ou doctrine et les unit fraternellement dans l'enceinte du temple. Quant à maître Jacques, la tradition le regarde comme fils d'un nommé Joaquim, célèbre architecte né à Saint-Romily dans les Gaules. Étant allé travailler en Grèce pour se perfectionner, il y apprit que Salomon faisait appel à tous les ouvriers célèbres; il partit alors pour l'Égypte et vint à Jérusalem, où, ayant reçu l'ordre d'Hiram de sculpter deux colonnes, il le fit avec tant d'art et de goût, qu'il fut de suite reçu maître, puis collègue d'Hiram. Le temple terminé, il revint en Gaule, avec un de ses collègues, *maître Soubise,* qui avait travaillé avec lui sous les ordres d'Hiram. A peine arrivé, les disciples de maître Soubise, jaloux de lui, tentèrent de l'assassiner, et maître Jacques, en se sauvant, tomba dans un marais où les joncs le soutinrent et, en le cachant, lui sauvèrent la vie. Mais, peu de temps après, il fut attaqué de nouveau et tué par les élèves de maître Soubise ; ce dernier pleura longtemps sa mort et légua aux compagnons leur devoir, leurs règles, le baiser de paix qu'ils se donnent, et le jonc en souvenir de ceux qui sauvèrent la vie une première fois à maître Jacques.

Les compagnons, reconnaissant trois fondateurs, se divisèrent en trois corps principaux :

Les enfants de Salomon, comprenant principalement : les tailleurs de pierre, compagnons étrangers, dits les loups, se divisant eux-mêmes en compagnons et jeunes hommes ; les menuisiers et les serruriers du devoir de la liberté, dits gavots (c'est-à-dire habitants des montagnes) et se divisant en quatre ordres : compagnons reçus, compagnons finis, compagnons initiés et affiliés.

Les enfants de maître Jacques, comprenant les tailleurs de pierre, compagnons passants ou loups-garous, les menuisiers ou serruriers du devoir, ou dévorants, c'est-à-dire, membres d'une société qui a un code et des règlements et se divisant en compagnons et aspirants, puis les tourneurs, vitriers, forgerons, etc.

Les enfants du père Soubise, comprenant les charpentiers, compagnons passants ou drilles, et les aspirants ou renards, puis les couvreurs, plâtriers, etc.

L'équerre et le compas sont les attributs de tous les compagnons. La canne et les rubans varient suivant les sociétés. A l'exception des compagnons menuisiers et serruriers du devoir de la liberté, tous les compagnons *tôpent*, c'est-à-dire se frappent dans la main en s'abordant, et, à l'exception des tailleurs de pierre et des charpentiers, tous s'appellent *pays*.

Chaque société de compagnonnage est plus ou moins en accord ou en hostilité avec les autres; elle a sa caisse à part, ses chefs particuliers, ses règlements spéciaux ; mais elle appartient néanmoins, par le fond, le but et la base, au compagnonnage tout entier, et les statuts généraux en sont les mêmes. Les associations de compagnonnage se nomment devoirs; c'est une solidarité mutuelle entre tous ceux qui en font partie. La société veille sur les ouvriers comme sur ses enfants, garantit leur salaire, leur assure du travail si c'est possible, et les secourt dans les chômages; elle soutient les procès intentés par les maîtres, et aide les ouvriers qui ne veulent pas travailler au rabais; mais elle répond, vis-à-vis du maître, de la capacité et de la probité de l'homme qu'il a embauché, nourrit le compagnon qui n'a pas d'ouvrage, lui donne des secours de route, et fait partir le plus ancien compagnon pour donner sa place au nouvel arrivé, qui, pour être reçu, aura dû confectionner un chef-d'œuvre ou pièce difficile du métier. Elle fait les frais d'inhumation de l'ouvrier qui meurt; elle a des récompenses honorifiques pour celui qui en est jugé digne et des punitions sévères pour celui qui a mérité d'être chassé; il est, en outre, signalé sur le tour de France, et nulle part ne trouve d'accueil.

Tous les chefs sont élus et révocables, et chaque société a un rouleur changeant de semaine en semaine ; il embauche, reçoit ou convoque les nouveaux arrivants, accompagne les partants et lève les *acquêts*, c'est-à-dire s'assure si le maître et le compagnon ne se retiennent rien. Si un maître a besoin d'un ouvrier, il n'a qu'à s'adresser à un compagnon, qui le lui procure par l'intermédiaire du rouleur.

La mère est la maîtresse de la maison où la société loge, mange et s'assemble.

Le tour de France du compagnon n'est pas le tour de la France proprement dite, le Nord en a toujours été exclu ; le compagnon, partant de Paris, va à Sens, Auxerre, Dijon, Châlons, Lyon, Vienne, Saint-Etienne, Valence, Avignon, Marseille, Toulon, Nîmes, Alais, Montpellier, Béziers, Carcassonne, Toulouse, Bordeaux, Agen, Saintes, la Rochelle, Rochefort, Nantes, Angers, Saumur, Tours, Blois et Orléans.

On voit que le compagnonnage a un bon côté ; mais il est fortement contre-balancé par le danger d'une organisation toute-puissante dans les ouvriers d'une grande ville, par les idées subversives ou contraires à l'ordre public, que des membres délégués peuvent, en un moment donné, colporter et faire circuler de ville en ville, en soulevant tous les compagnons de France, ou en les infestant de doctrines contraires au repos public, enfin par les querelles sanglantes que se livrent souvent les sociétés rivales et qui, passionnant les ouvriers d'un grand centre, peuvent occasionner des désordres et des insurrections ; Marseille et Lyon en ont vu plus d'un exemple.

Souvent les sociétés rivales jouent une ville. Ainsi, au milieu du XVIIIe siècle, les compagnons étrangers tailleurs de pierre et les compagnons passants du même métier jouèrent la ville de Lyon pour cent ans. (Quand des *devoirs* jouent une ville, des ouvriers choisis par les sociétés rivales confectionnent, chacun, un chef-d'œuvre du métier, qui, jugé par une commission, donne le prix à la société à laquelle appartient le vainqueur.) Les compagnons passants perdirent, et pendant cent ans aucun d'eux ne put travailler à Lyon. Le délai expiré, ils voulurent alors rentrer dans Lyon, et des batailles terribles ensanglantèrent la ville. — Marseille et Bordeaux virent bien des faits semblables.

§ IV.

Les Sociétés secrètes, les Philosophes, le duc de Choiseul et le Parlement (1).

Cependant le XVIIIe siècle marchait rapidement vers la Révolution, et, si les sectes secrètes minaient

---

(1) Voir. — De l'influence de l'esprit philosophique et de celle des Sociétés secrètes sur le XVIIIe et le XIXe siècle, par M. Forgame. Paris, 1858. — Papiers du prince de Hesse.

sourdement l'édifice social, il est juste d'ajouter que la royauté, l'aristocratie, les parlements et les ministres y contribuèrent aussi puissamment.

Le besoin qu'avait le duc de Choiseul de se rendre populaire, la tendance même de son esprit caustique et incrédule le poussaient vers la protection des doctrines dites alors philosophiques. Il se laissait aller à la douce et orgueilleuse persuasion qu'il était un esprit fort, ami des lumières et du progrès. De leur côté, les philosophes étaient descendus au dernier degré de bassesse à son égard ; aucun éloge ne leur coûtait, pourvu que le pouvoir retirât sa main à la foi religieuse et laissât la société se corrompre sous les progrès de l'Encyclopédie. Ce fut pendant les deux dernières années du ministère Choiseul que furent publiés les livres les plus abominables, non-seulement contre la religion, mais encore contre la morale publique et contre tous les principes de gouvernement et de civilisation. D'Argens, d'Holbach, Helvétius vivaient dans la société de Choiseul, et c'était avec l'aide des *Affaires étrangères* que les plus mauvais livres trouvaient à circuler. Le ministre considérait comme au-dessous de lui de s'inquiéter des affaires de la Religion, qu'il aimait d'ailleurs à railler. Il venait de chasser les Jésuites, ce qui fut peut-être une faute à cette époque, malgré tous les torts que ceux-ci pouvaient avoir ; car eux seuls et leur puissante et identique organisation pouvaient lutter avec avantage contre les sociétés secrètes, et il ne les avait sacrifiés que pour avoir le concours des parlements, devenus un si grand embarras pour le gouvernement ; car souvent, en politique, les concessions faites à des assemblées ne font que grandir leur ambition ; aussi les parlements prétendaient-ils immédiatement s'ériger en assemblée politique, unitaire dans la Monarchie, en quasi-parlement d'Angleterre. M. de Choiseul les laissant agir, ce qui n'était d'abord que théorie allait bientôt devenir un fait accompli.

Les amis intimes du Roi n'approuvaient pas cette mollesse à l'égard des parlements et blâmaient hautement les concessions faites aux Jansénistes, concessions que la *grande chambre* et les *Enquêtes* avaient imposées. Le Roi, sans être porté pour les Jésuites, savait tous les services que cette corporation instruite rendait à l'éducation, et l'impuissance où on était de les remplacer ; mais il était surtout effrayé de la double invasion de l'autorité parlementaire et de l'esprit philosophique, dont les membres les plus ardents, Voltaire, d'Alembert, Diderot, Condorcet, d'Holbach, Helvétius, d'Argens, etc., minaient tous les jours avec plus d'ardeur les bases de la religion et du gouvernement.

Au moindre débat avec le Roi sur une question politique, les parlements avaient pris l'étrange coutume de suspendre l'action de la justice ; les plaideurs n'avaient plus de juges, les procès plus d'arrêts, et, quand le Roi leur ordonnait de reprendre leurs fonctions sous peine de forfaiture, ces magistrats sérieux s'amusaient à vider de puériles contestations comme pour railler l'autorité royale.

Le coup d'État du 20 janvier 1771 mit fin à l'anarchie politique et judiciaire, et quand on vit que le Roi était, cette fois, inébranlable, et que c'en était fait du vieux parlement, petit à petit avocats, procureurs, huissiers, le parlement et le Châtelet revinrent, et le Palais reprit ses usages, non sans regret, pour la plupart de ses membres, d'avoir déserté des offices fort lucratifs. Mais, lorsque le duc de Choiseul eut été exilé à Chanteloup, une opposition menaçante, appuyée sur les débris des parlements dissous, se forma autour de lui, et les idées anglaises, fermentant toujours, tendirent à se personnifier en un chef, le duc de Chartres, qui n'osait pas encore une opposition directe, mais qui caressait déjà les vieux parlements et sollicitait la permission de se rendre à Chanteloup. Pour la première fois, un maître disgracié fut aussi adulé dans sa disgrâce que dans la plénitude de son pouvoir, signe bien manifeste de l'affaiblissement de prestige de la royauté et de la faiblesse du chef de l'État ; mais au moins, malgré ses défauts, Louis XV vécut et mourut Roi ; il savait très-bien lui-même l'état des esprits, et qu'en réprimant les magistrats il n'avait pas écrasé les révolutionnaires, aussi témoigna-t-il plus d'une fois ses craintes pour le jeune héritier de son trône. « Je voudrais bien savoir comment Berry s'en tirera, » di-

sait-il souvent, désignant ainsi son petit-fils Louis XVI,
qui, avant la mort du Dauphin, était appelé duc de
Berry; mais cette révolution dont Louis XV voyait la
France menacée, il sut au moins l'empêcher tant
qu'il vécut; malheureusement, par sa conduite immorale et le spectacle de courtisanes élevées au-dessus d'une vertueuse Reine, il donnait trop large
prise aux attaques des conjurés qui, sentant qu'il
fallait différer leurs projets, se bornaient à y préparer les peuples en exploitant le scandale de sa vie
privée. Que n'écoutaient-ils plutôt la grande voix
d'un honnête homme, du remarquable avocat général, M. Séguier, s'écriant, le 18 août 1770 :

« Depuis l'extirpation des hérésies qui ont troublé
la paix de l'Église, on a vu sortir des ténèbres un
système plus dangereux par ses conséquences que
ces anciennes erreurs toujours dissipées à mesure
qu'elles se sont reproduites. Il s'est élevé au milieu
de nous une secte impie et audacieuse ; elle a décoré
sa fausse sagesse du nom de philosophie ; sous ce
titre imposant, elle a prétendu posséder toutes les
connaissances ; ses partisans se sont élevés en précep-
teurs du genre humain. Liberté de penser, voilà leur
cri, et ce cri s'est fait entendre d'une extrémité du
monde à l'autre. D'une main ils ont tenté d'ébran-
ler le trône, de l'autre ils ont voulu renverser les
autels. Leur objet était d'éteindre la croyance, de
faire prendre un nouveau cours aux esprits sur les
institutions civiles et religieuses, et la révolution s'est,

pour ainsi dire, opérée, les prosélytes se sont multipliés, leurs maximes se sont répandues, les royaumes ont senti chanceler leurs antiques fondements, et les nations, étonnées de trouver leurs principes anéantis, se sont demandé par quelle fatalité elles étaient devenues si différentes d'elles-mêmes. — Ceux qui étaient les plus faits pour éclairer leurs contemporains se sont mis à la tête des incrédules, ils ont déployé l'étendard de la révolte, et par cet esprit d'indépendance ils ont cru ajouter à leur célébrité. — Une foule d'écrivains obscurs ne pouvant s'illustrer par l'éclat des mêmes talents a fait paraître la même audace. Enfin la religion compte aujourd'hui presque autant d'ennemis que la littérature se glorifie d'avoir produit de prétendus philosophes, et le Gouvernement doit trembler de tolérer dans son sein une secte ardente d'incrédules qui semble ne chercher qu'à soulever les peuples sous prétexte de les éclairer.—»

Mais les philosophes avaient prononcé les mots magiques d'Égalité et de Liberté; ils retentirent au loin et furent répétés avec enthousiasme ; les mauvaises passions, suscitées par les ambitions privées, prirent leur essor, et, lorsque le gouvernement sortit trop tardivement de sa somnolence et cassa les parlements, un cri général de réprobation s'éleva ; nobles et plébéiens semblaient animés de la même haine contre le pouvoir; l'esprit national parut suivre les parlements dans l'exil et refuser toute considération à ceux qui leur succédaient. Le vieil édifice social était menacé dans ses bases ; le changement des mœurs était inaperçu, parce qu'il avait été graduel ; les parlements bravant le pouvoir, mais avec des formes respectueuses, étaient devenus républicains sans s'en douter ; l'aristocratie, plongée dans les plaisirs, ayant déserté ses biens dans les provinces et les laissant dans les mains d'intendants avides qui pressuraient le peuple et la faisaient prendre en haine, dormait sans crainte sur un volcan, ou se laissait aller aux idées nouvelles sans voir où elles la mèneraient, et le clergé, loin de croire l'existence de la religion menacée, s'irritait contre la hardiesse et l'impiété des philosophes, sans donner de meilleurs exemples.

§ V.

La Franc-Maçonnerie sous Louis XVI en Europe (1).

Voilà l'état de la France quand le vertueux, mais incapable et trop faible Louis XVI monta sur le trône. On rappela les parlements disgraciés, puis vint la guerre d'Amérique, ensuite la convocation des états généraux, sujet de la plus grande des discordes, et enfin le renvoi des régiments, fidèles

---

(1) Voir. — Manuscrit du prince de H. sse. — Histoire philosophique de la Franc-Maçonnerie, par Kauffmann et Cherpin. Lyon, 1850, in-8°.

gardiens du pouvoir et de la royauté. Pendant que Necker ruinait le trésor public et la France, la fausse politique de M. de Vergennes, fomentant au dehors toutes les révolutions, en appelait tout l'esprit au dedans ; des courtisans avides, fatiguant le roi de leurs intrigues, s'aliénaient le peuple par le scandale de leurs mœurs et le corrompaient par leur impiété. — Brienne allait paraître pour achever de tout perdre ; pas un seul de ces ministres ne comprenait ce que peut faire un peuple auquel on souffle la haine et le mépris de ses chefs, et qui a perdu le frein de la religion et des lois. Avec le pouvoir aux mains des masses populaires, allaient arriver les résistances, les révoltes, les émeutes et le sang versé. — Les pamphlets qui avaient circulé contre les maîtresses de Louis XV allaient se renouveler avec une nouvelle rage contre la belle et vertueuse Marie-Antoinette, but de la haine des sociétés secrètes, qui, redoutant son énergie et son intelligence, arriveront à commettre un crime plus grand que le régicide, car ce sera sur une femme qui n'avait du pouvoir que les honneurs, une princesse étrangère, le plus sacré des ôtages, et elles la traîneront du trône à l'échafaud à travers tous les genres d'outrages ; mais son sang versé deviendra le signal de la curée entre tous ses bourreaux qui s'entr'égorgeront entre eux pour effacer les taches du sang de la noble victime des sociétés secrètes !

Mais il est temps de suivre exactement et minutieusement la marche et le travail souterrain des sociétés secrètes, pour montrer quelle fut leur influence à cette époque, et comment elles allaient être habilement toutes réunies pour coopérer au renverement de tout ce qui existait.

C'est vers le milieu du XVIII° siècle que la Franc-Maçonnerie, longtemps stationnaire et inoffensive, prit sa plus grande extension. L'Europe fut bientôt sourdement travaillée par cette association mystérieuse, dont les principes se répandaient dans tous les États.

En Russie, Catherine, en 1763, s'en était d'abord déclarée la protectrice, et de nombreuses loges avaient été créées; mais l'organisation sociale de la Russie ne permettait pas alors à la Franc-Maçonnerie d'y prendre une grande extension; les idées philosophiques nouvelles et avancées, et l'avenir qu'elles faisaient entrevoir au coup d'œil politique de Catherine, l'effrayèrent, et dès lors l'autorité se prononça contre elles et sous Paul Ier fit rigoureusement fermer toutes les loges.

En Pologne, Auguste II l'y avait sévèrement interdite en promulguant la bulle de Clément XII, aussi y vécut-elle souterrainement jusqu'après la fondation du grand Orient de France; mais alors elle s'y développa, et un G. O. fut fondé à Varsovie pour diriger la Pologne et le grand-duché de Lithuanie.

Dans les Pays-Bas, elle était florissante, malgré les états généraux et le clergé, et la grande Loge était alors dirigée par M. de Bœtzmer, grand Maître depuis 1757.

En Allemagne la Franc-Maçonnerie, protégée en Prusse par un roi philosophe et athée qui avait été initié à Brunswick par le major Bielfield, s'était installée à Berlin, d'où les idées les plus avancées pénétraient petit à petit au cœur de cette puissance. Brunswick, Altenbourg, Nuremberg, Hambourg, Leipsick voyaient leurs loges se reconstituer avec éclat; Prague et Dresde avaient conquis assez d'influence pour faire un schisme, et le prince souverain de Bayreuth ouvrait son palais aux réunions maçonniques. — Frédéric II lui-même, en arrivant au trône, avait jeté les bases d'une nouvelle secte de Maçonnerie, *les architectes d'Afrique*, et il avait fait bâtir, en Silésie, un superbe bâtiment pour les réunions du grand Chapitre de l'Ordre, qu'il dota d'un fonds suffisant pour son entretien et d'une superbe bibliothèque. — Cet Ordre n'eut, du reste, aucune influence en politique; les membres s'occupaient principalement de l'histoire des sociétés secrètes et des mystères, et, grâce aux dons du roi et du prince de Leichstenstein, ils possédaient des trésors de manuscrits et de documents. Les principaux chefs de cette secte furent de Stahl, de Gone, Meyerotte, de Bose, etc. Ils ne se soumirent jamais à la *stricte Observance*, même lorsque Frédéric II eut intimé à l'Ordre, et à toutes les autres sectes maçonniques, de se réunir en une seule.

Dans une autre partie de l'Allemagne, l'électeur palatin, Charles XII, et Marie-Thérèse, avaient d'abord rigoureusement proscrit de leurs États toutes les sectes maçonniques; Dantzick et Aix-la-Chapelle avaient d'abord suivi cet exemple, et Joseph II, un moment épris de leurs idées, et qui avait été initié à Vienne par le major Born, avait ensuite sévi contre eux, et privé de leurs emplois tous les fonctionnaires appartenant aux Loges.

Quant à la Suède, nous avons vu que le système suédois datait de la plus haute antiquité, que la vieille loge d'Upsal avait été fondée par des chevaliers revenant des Croisades et que de suite, après la destruction de l'ordre du Temple, plusieurs Templiers fugitifs étaient venus en Suède où ils avaient réformé la Franc-Maçonnerie. La plus haute instance de l'ordre suédois était le chapitre illuminé composé de neuf grands officiers.

L'Ordre conservait et conserve encore un prétendu testament de Jacques Molay, et c'est dans les vieux rituels suédois qu'on retrouve, pour la première fois, en Europe, le cri et le signe de détresse des fils d'A-donhiram : « A moi les fils de la veuve ! »

Gustave III et son frère, le duc de Sudermanie, qui étaient les chefs de l'ordre, se rallièrent à la *stricte Observance* lorsqu'elle parut et, l'un après l'autre, se servirent de son influence pour tâcher d'agir sur l'Allemagne. — Ils engageaient beaucoup de frères à venir s'établir en Suède, et leur promettaient des récompenses, et de rétablir l'ordre des Templiers. — Nous verrons, au congrès de Wilhelmsbad, quel était le but du duc de Sudermanie.

En Suisse, les sectes maçonniques se disputaient entre elles. En Italie, les francs-maçons, quoique traqués, répandaient en secret leurs doctrines, malgré les bulles des papes et les édits du roi de Naples. Enfin, en Espagne, la Franc-Maçonnerie était sous le coup des défenses de Ferdinand VI.

En France, la Franc-Maçonnerie venait de perdre un chef, le duc d'Antin, dont la nomination n'avait été faite par les chefs supérieurs de l'Ordre que pour calmer et endormir les appréhensions de l'autorité. — On résolut, suivant les mêmes principes, de lui donner pour successeur, dans la grande Maîtrise, un prince du sang, le comte de Clermont. Quelques voix, dans cette élection, se portèrent sur le prince de Conti déjà grand Maître des Templiers depuis deux ans. — Il est à remarquer que c'est de cette époque que date l'affaiblissement de l'ordre du Temple; car les grands Maîtres qui vont se succéder étant tous dévoués à la royauté, et le pouvoir dans cet ordre existant, en réalité, dans les mains du grand Maître, un grand nombre de Templiers, ne trouvant pas la marche de l'Ordre assez hardie et assez avancée, délaissèrent le Temple pour se jeter dans les hauts grades de la Maçonnerie, dont ils étaient tous membres d'après les statuts secrets de leur Ordre. Ils y firent bien vite sentir leur influence principalement dans les loges de Lyon, où ils créèrent le grade de Kadosch templier, grade qui annonçait hautement aux vrais initiés la lutte contre le pouvoir royal, puisqu'il invoquait la poursuite de la vengeance de Molay.

En dépit des nouveaux décrets de la Sorbonne, défendant d'entrer ou de rester dans la Franc-Maçonnerie, l'Ordre était donc en pleine prospérité, et son pouvoir n'allait donc qu'en augmentant. Martinez, dont je parlerai tout à l'heure, créait son nouveau rite des Élus Coëns, et en 1761 le grand conseil de Paris délivrait à un Juif, Stephen Morin, une patente de grand Inspecteur général, pour aller en Amérique propager la nouvelle *Maçonnerie de perfection*.

§ VI.

Le duc de Chartres et le grand Orient (1).

En 1772, le duc de Chartres succéda au comte de Clermont dans la grande Maîtrise, et jamais société

(1) VOIR. — De l'influence de l'esprit philosophique, etc., par M. Forgame. Paris, 1838. — Manuscrits du prince de Hesse. — Éloge de Voltaire prononcé dans la Loge maçonnique des Neuf-Sœurs, par la Dixmérie. P., 1779, in-8°. — De l'influence attribuée aux philosophes, aux Francs-Maçons et aux Illuminés sur la révolution de France, par J. J. Mounier. Paris, 1801, in-8°. — Influence des Francs-Maçons, par Bode. Leipzig, 1788, 2 vol. in-12.

secrète n'eut un plus digne chef; aussi son premier acte politique fut-il de soutenir le duc de Choiseul dans sa disgrâce. — Cœur blasé par la débauche, tout à la fois lâche et vindicatif, ambitieux et rampant, prodigue et usurier, fier parmi les princes, et plat au milieu de la plus vile populace, colère et impétueux avec ses confidents et froid et dissimulé avec ceux qu'il voulait perdre, ne méditant jamais de plus cruels projets que lorsqu'il prenait le masque d'homme bienfaisant, possédant tous les vices sans avoir même le génie, prêt, pour servir son ambition, à voir verser des flots de sang, même de ses proches : tel était le triste chef d'une secte qui annonçait prêcher l'Égalité et l'amour de ses semblables.

Le grand Orient, c'est-à-dire la réunion de toutes les loges régulières du royaume représentées par leurs députés, fut créé de suite pour l'administration et la direction de tout l'Ordre, et vingt-deux grands inspecteurs provinciaux furent aussitôt désignés pour visiter et surveiller toutes les loges du royaume. Le grand Maître, soumis à une initiation qui seule aurait suffi à couvrir son nom d'opprobre, fut installé dans sa petite maison de la Folie-Titon, tandis que le grand Orient remplaça les Jésuites dans leur ancienne maison de la rue du Pot-de-Fer, pour imiter probablement Philippe le Bel, lorsqu'il s'installa au Temple, après en avoir chassé les chevaliers.

La Franc-Maçonnerie avait donc fait à Paris, et,

par suite, en France, d'immenses progrès. Les littérateurs, les artistes, toute l'école philosophique, ceux même qui voulaient réellement le bien des peuples sans se douter des maux qu'ils allaient produire par les moyens qu'ils allaient employer, et qui remuaient toute l'Europe par leur esprit et leur éloquence, sapant toutes les croyances et s'attaquant à toutes les bases de la religion et de l'autorité, se retrouvaient dans les loges pour y coordonner leurs efforts. Chose extraordinaire, un seul et peut-être le premier de tous ces esprits éminents leur avait d'abord manqué; c'était Voltaire qui, ne connaissant pas le but secret de la Franc-Maçonnerie, l'avait longtemps supposée une espèce de religion inspirée par le mysticisme, et avait d'abord jeté sur elle les sarcasmes qu'il prodiguait à toute croyance. Mais un jour il se trouva, non sans surprise, entouré d'hommes qui, luttant pour la même cause et étant tous francs-maçons, lui proposèrent de l'initier; c'étaient Franklin, Court de Gebelin, La Lande, La Dixmerie, Cordot de Saint-Firmin, etc. Aussitôt qu'il eut appris que le but que poursuivaient en ce moment les loges était celui-là même quil avait constamment suivi, il accepta et se fit initier le 6 juin 1778. Vu les services qu'il avait rendus à l'Ordre sans le savoir, il fut reçu sans épreuve à la loge des Neuf-Sœurs par Meslay, Delort, Bignon, Remy, Mercier, Cailhava, Fabrony, Dufresne, La Lande et Franklin.

Pour ceux même qui ne connaissaient pas le but

secret de l'Ordre maçonnique à cette époque, la coopération des philosophes les plus hardis du XVIIIe siècle
à l'œuvre maçonnique suffirait à faire juger ses vues,
ses tendances et son but à cette période de son histoire. C'est qu'elle voulait, suivant ses instructions
éternelles, « affranchir les peuples dans l'ordre moral et matériel, détruire tous les préjugés, toutes les
croyances, toutes les erreurs qui divisent les hommes
en esclaves et en maîtres, en sujets et en souverains,
en pauvres et en riches, étendre son action à tout
l'univers et y faire régner une parfaite Égalité, Liberté et Fraternité, malheureuse utopie, destruction
de toutes les lois politiques et religieuses, si belle,
mais si matériellement inapplicable aux humains qui
la transforment de suite en oppression, guerre civile, ruine et dévastation. » — Ces principes, la
Franc-Maçonnerie allait bientôt essayer de les réaliser dans la révolution ; elle s'y dévora elle-même,
et noya dans des flots de sang sa liberté et sa fraternité.

C'est au moment où Voltaire venait d'être initié
que la Franc-Maçonnerie atteignait son plus haut degré de prospérité.

Hors de la France, douze cents loges étaient en
relation avec le grand Orient, et dans la France
seule sept cents ateliers, sous la direction des hommes les plus hardis, travaillaient à répandre ses doctrines. Dans leurs réceptions, les grades avaient pris
une signification profonde qui ne se voilait, pour

ainsi dire, plus du mystère. Hiram, c'était la Lumière ou la Liberté, et les trois compagnons qui l'avaient assassiné, c'était le Fanatisme, c'est-à-dire la Religion, l'Ambition, c'est-à-dire l'Aristocratie, la Tyrannie, c'est-à-dire le Roi. Un de ces grades dramatisait la vengeance du meurtre d'Hiram, et les esprits agités du grand mouvement qui animait le pays, et occupés de toutes les questions sociales, oubliaient vite l'allégorie pour ce qu'elle cachait, et du rêve s'élançaient vers la réalité.

L'action de la Franc-Maçonnerie fut immense à cette époque. On voyait bien dans les ateliers des hommes de la plus haute position sociale, des officiers supérieurs, même des prélats philosophes ; mais la masse des Francs-Maçons se composait de la bourgeoisie, des officiers inférieurs et du bas clergé, c'est-à-dire des trois éléments qui vont bientôt s'unir et combattre ensemble pour conquérir cette fameuse Liberté, triste victoire qui les amènera au plus grand des despotismes.

Les maçons, disaient-ils, n'ont pas la haine de la religion, mais des prêtres ; ils ne sont point opposés au christianisme, et veulent seulement le ramener aux préceptes de l'Évangile ; oubliaient-ils donc qu'ils ne peuvent être maçons sans être Déistes, qu'ils n'admettent Jésus-Christ que comme prophète, et que la Raison, leur seul guide, leur dit que toutes les religions sont égales devant le grand Architecte de l'univers ?

L'immolation volontaire de ses titres par la noblesse, dans la fameuse nuit du 4 août, fut la réalisation d'une partie des doctrines maçonniques par la portion de l'aristocratie admise dans les loges, où l'on montrait l'inégalité des citoyens comme le résultat de la tyrannie et comme la source de tous les maux qui pesaient sur le monde.

C'est aussi à cette même époque que fut faite l'union avec tous les directoires étrangers reconnaissant la suprématie du grand Orient, qui donna, dès lors, ses instructions non-seulement à toutes les loges de France, s'étendant à deux cent quatre-vingt-deux villes, mais encore à celles de Locle en Suisse, de Bruxelles, de Cologne, de Liége, de Spa, de Varsovie, de Saint-Pétersbourg, et enfin à toutes celles des colonies françaises.

Les frères Savalette de Lange, Court de Gebelin, etc., fondaient aussi à ce moment la fameuse *Loge des Amis réunis*, où ils établirent le régime des Philalèthes ou chercheurs de la vérité, loge spécialement fondée pour la correspondance étrangère, et qui eut une si grande influence sur la révolution. — Elle reconnaissait pour chef un homme extraordinaire et peu connu, Savalette de Lange, chargé de la garde du trésor royal et honoré de toute la confiance du Roi, et en même temps l'homme de tous les mystères, de toutes les loges, de tous les complots. Il avait habilement mélangé tous les systèmes maçonniques et martinistes pour créer son régime des Philalèthes ; et il avait fait de sa loge, pour calmer les soupçons, le rendez-vous des plaisirs et du luxe ; tandis qu'à son ombre et sous son habile direction grandissait inconnu le comité des Amis réunis, où étaient déposées toutes les archives de la correspondance secrète, et où s'élaboraient toutes les instructions qui allaient préparer la révolution.

Le grand Orient, qui était en même temps le tribunal en dernier ressort de tous les différends maçonniques, et le conseil suprême dont les ordres ne pouvaient être violés ou éludés sans encourir la peine des parjures, avait, auprès de lui, les envoyés ou députés des loges répandues dans les différentes villes et qui étaient chargés de transmettre ses ordres et d'en notifier l'exécution. — Chaque loge avait son Président sous le titre de Vénérable, et son devoir était tantôt de leur faire passer les lois du grand Orient, tantôt de disposer les frères à exécuter les ordres qui leur arriveraient. Toutes les instructions se transmettaient, par voies secrètes et par les envoyés, dans un langage énigmatique et avec un chiffre particulier. — Un mot d'ordre spécial, changeant tous les semestres, était particulièrement envoyé par le grand Orient à toute loge sous son inspection, et celle-ci envoyait tous les semestres ses contributions en argent. Toute cette partie de la constitution maçonnique était à peu près connue de tous les frères, tandis qu'il n'en était pas de même pour les arrière-secrets.

§ VII.

Martinez Pasqualis et les Philalèthes (1).

C'est vers 1750 que Martinez Pasqualis, dont l'origine est très-obscure, introduisit en France sa nouvelle secte philosophique; il la propagea d'abord à Marseille, ensuite à Bordeaux et à Toulouse, renouvelant l'ancienne pratique des rites cabalistiques et professant « que l'intelligence et la volonté sont les seules forces actives de la nature, que pour en modifier les phénomènes il suffit à l'homme de commander et de vouloir énergiquement, qu'il peut ainsi s'élever à la notion parfaite de l'essence universelle et à la domination des esprits. » Martinez ne reconnaissait, pour légitimes, ni les empires fondés par la violence, la force ou les conquêtes, ni même les sociétés qui doivent leur origine aux conventions et aux pactes les plus libres; car il faudrait alors, disait-il, qu'un homme eût transmis à un autre un droit qu'il n'a pas, celui de disposer de soi et de sa liberté; en somme, il n'admettait, en principe, qu'une seule autorité légitime, celle des temps antiques et de l'âge d'or, celle du père de famille.

____

(1) Voir. — Manuscrits du prince de Hesse. — Œuvres complètes de Saint-Martin. 17 vol. in-8° et 1 vol. in-12. — Papiers relatifs aux Philalèthes et à Savalette de Lange. — (Collection du prince de Hesse en ma possession.)

Après avoir introduit son système dans plusieurs loges maçonniques, entre autres dans celle d'Avignon qui en fut infestée, puis dans celles de Lyon où il fonda l'école de Lyon, il transporta son officine philosophique à Paris et de là alla mourir à Saint-Domingue. Après sa mort, sa doctrine se modifia petit à petit en admettant les croyances de Swedenborg, de Jacob Boëhm et des Illuminés allemands, malgré les efforts d'un de ses néophytes les plus jeunes et les plus ardents, le célèbre Saint-Martin, dit le philosophe inconnu, qui refusa cependant d'entrer dans l'école de Lyon, ne la trouvant pas assez spiritualiste.

Du reste, la secte avait déjà pris ouvertement une tendance politique des plus avancées. — Les frères d'Avignon, cachés sous le masque de charlatans et de visionnaires, et, ne parlant que de leur puissance d'évoquer les morts, de les faire apparaître, et de cent autres prodiges de cette espèce, en réalité nourrissaient au fond de leurs loges, et dans leurs arrière-secrets, des complots dignes des Illuminés allemands. Ils s'étaient donné des lois, avaient organisé leur société, avaient choisi leurs voyageurs, puis s'étaient enfoncés dans les autres loges maçonniques pour y chercher des hommes disposés à leurs croyances, et à remplir les nouveaux grades qu'ils voudraient leur communiquer, car la Franc-Maçonnerie a toujours été la pépinière chérie de toutes les sociétés secrètes nouvelles. C'est rue de la Sourdière, à Paris, dans

la loge des Amis réunis, que ces prétendus Philalèthes fondèrent leur rite. — Composée de cent
trente membres environ, cette loge, qui comptait
parmi ses adeptes le vicomte de Tavannes, Court de
Gebelin, le président d'Héricourt, le prince de Hesse,
M. de Saint-Jammes, Dietrich, Condorcet, Tassin,
de Bondi, M. de Chef-de-Bien, etc., reconnut encore
pour chef Savalette de Lange, déjà président du comité des Amis réunis.

Le rite comprenait douze grades, et le conseil particulier était composé des *maîtres à tout grade de la
douzième classe.*

Les Philalèthes travaillaient beaucoup les sciences
occultes, et ils soutinrent plusieurs des fameux intrigants de cette époque qui étaient leurs agents; c'est
ainsi qu'on comptait parmi eux Duchamteau, Mesmer, Cagliostro, Saint-Germain, Saint-Martin, etc.
C'est dans leur loge que Duchamteau fit ses expériences sur la régénération physique de l'homme, suivant les préceptes de Cagliostro, expérience à la suite
de laquelle il perdit la vie.

En 1782, le rite avait déjà vingt loges en France
et à l'étranger. — En 1785, les Philalèthes conçu-
rent le projet de réformer la Franc-Maçonnerie pour
prendre sur elle une action puissante, et à cet effet
ils convoquèrent un grand convent, à Paris, pour tous
les maçons français et étrangers; mais ce convent
eut peu de succès, et un second convent, réuni en
1787, eut le même sort. La révolution et la mort de

Savalette de Lange, qui était l'âme de cette loge, achevèrent d'anéantir le rite. Tous leurs ouvrages et leurs manuscrits, qui étaient des plus curieux, furent pillés, et ce qu'on retrouva plus tard fut acquis par les archives du rite écossais philosophique.

Il nous faut, maintenant, dire un mot de Swedenborg à cause des nombreux sectaires qu'il avait à cette époque.

§ VIII.

Swedenborg (1).

Swedenborg, fils d'un évêque luthérien de Kara en Suède, naquit à Upsal vers 1668. Après avoir passé une partie de sa vie à étudier les sciences physiques, il tomba, par une transition subite, dans le mysticisme et la théosophie, et se crut ou voulut se faire croire inspiré et envoyé de Dieu pour révéler des vérités nouvelles, prétendant avoir des révélations et converser avec les âmes des morts. C'est en 1743 qu'il commença à prêcher ces croyances mélanges de mysticisme, de magnétisme et de magie. Dans sa prétendue doctrine théologique, il distingue deux mondes, l'un matériel, l'autre spirituel, et dans ce dernier se trouve, mais sous une autre forme,

____

(1) Swedenborg. — De la Nouvelle-Jérusalem et de sa doctrine céleste, trad. par Moët. Paris, 1821, in-8°.

tout ce qui existe dans le premier. Voyageant sans cesse au milieu d'un monde d'esprits, il les montre en pleine correspondance avec les humains, décrit le ciel et le paradis comme il décrirait les plaines de la Touraine, et marie les esprits entre eux comme de simples mortels. Il admet, dans les Écritures, trois formes, naturelle, spirituelle et divine ou céleste, et c'est cette dernière, dont le sens est jusqu'à lui resté inconnu aux hommes, qu'il vient leur révéler. — Mais, de même que dans presque toutes les doctrines semblables, il a deux systèmes, l'un manifeste et apparent, bon pour les dupes et les sots, et qui semble tendre à réformer le christianisme sur les idées d'un déisme en délire, qui doit régner dans sa Nouvelle-Jérusalem, et l'autre qui conduit tout droit à l'impiété, à l'athéisme et au matérialisme, et où, de même que dans la philosophie hermétique, Dieu n'est plus qu'un soleil, un esprit de lumière, une chaleur spirituelle qui vivifie les corps.

Swedenborg forma donc deux véritables sectes, l'une composée des gens crédules qui, aujourd'hui encore, attendent sa Nouvelle-Jérusalem, croient à ses visions merveilleuses, à ses prophéties, à ses colloques avec les Anges et les Esprits, et se figurent être disciples de Jésus, tout en suivant les préceptes de Swedenborg, parce qu'il a donné à son soleil spirituel le nom de Sauveur du Monde. Ses disciples, qui, en Angleterre seulement, étaient au nombre de 20,000 en 1780, attendaient avec impatience la Révolution qui, devant renverser toutes les vieilles croyances, ne devait laisser sur terre d'autre Roi que le Dieu de Swedenborg.— Quant aux profonds adeptes auxquels Swedenborg, comme dans la Franc-Maçonnerie et les Templiers, a présenté sa doctrine comme étant celle professée dans la plus haute antiquité par les Égyptiens et les Mages, ceux-là qui ont aussi leur Jéhovah et sa parole perdue, vont se précipiter avec ardeur au-devant d'une Révolution qui doit ramener sur la terre la prétendue Égalité et Liberté des premiers hommes. En France, ce fut à Avignon que cette doctrine fit le plus d'adeptes ; ils s'y mêlèrent aux Martinistes, et on leur donna le nom d'Illuminés théosophes. Sous tous les noms qu'ils prirent, c'étaient, parmi les Francs-Maçons, ceux qui se rapprochaient le plus des Illuminés allemands, et, des uns comme des autres, c'étaient les mêmes vœux en faveur d'une Révolution aussi antisociale qu'antireligieuse.

§ IX.

Les Chevaliers bienfaisants de la cité sainte (1).

Toutes ces doctrines, pratiquées alors par un nombre immense d'adeptes, se concentrèrent sous

(1) VOIR. — Manuscrits du prince de Hesse et papiers relatifs aux Philalèthes (en ma possession).

l'habile direction du duc de Chartres, dont le but fut de réunir tous ces pouvoirs dans une seule main, dans un espoir d'action qu'il n'est pas difficile de comprendre ; aussi eut-il soin de fonder également une secte particulière, secte à lui, qui, mêlant les croyances des Templiers et de la Philosophie à celles des anciennes sectes et aux absurdités des hermétiques et des alchimistes, s'allia secrètement avec la secte de la *stricte Observance* pour s'en servir, et se répandit dans l'Alsace et la Lorraine. — Pour tâcher de déjouer la police, ils prirent, au convent de Lyon, le nom de *Chevaliers bienfaisants de la cité sainte*. Saint-Martin et Villermoz furent les principaux agents de la secte. Leur influence, comme nous le verrons, fut immense au congrès de Wilhelmsbad, où ils se reconnurent bien vite, les Illuminés et eux, et résolurent de s'appuyer, quitte à se trahir ensuite. En 1776, le duc de Chartres entreprit dans les Loges de France un voyage qui fut pour lui un triomphe : à Bordeaux, il présida la Loge française et celle de l'Amitié ; à Agen, à Toulouse, il inspecta les ateliers ; à Poitiers, à Angoulême, à Montauban, à Montpellier, il fut entouré des hommages des Francs-Maçons, accueilli par des vœux, et, à son retour à Paris, il fut complimenté par les députés du grand Orient. — Il établit une discipline sévère dans l'Ordre, défendit de rien imprimer sans que les manuscrits lui eussent été communiqués, et, pour accoutumer à le connaître, présida lui-même les travaux dans les Loges. — La grande Loge et le grand Orient, qui se disputaient pourtant depuis longtemps la direction de l'Ordre, le reconnurent tous deux pour leur chef, et enfin, en 1789, il présida les travaux de la mère Loge du rit écossais, réunissant ainsi pour la première fois, dans la main d'un seul, les trois pouvoirs maçonniques qui dirigeaient les ateliers de la France. Mais ambitieux sans courage, Cromwell sans génie, Danton sans audace, joué par des gens plus fins que lui, qu'il révoltera même plus tard par le cynisme infâme avec lequel il votera la mort du Roi, au milieu de la stupeur générale ; l'espoir qu'il avait nourri de voir la France, après l'avoir jetée dans tous les malheurs, l'accepter comme ancre de salut, lui manquera au dernier moment. — Il aura peur et laissera briser ignominieusement devant lui son épée de grand Maître et voter la déchéance de tous ses droits avant de voir voter pour lui-même *la mort* qu'il a si honteusement votée et pour ses amis et pour ses proches.

Mais il est temps de nous occuper de la fameuse secte des Illuminés, qui fut une aide si puissante pour les autres sociétés secrètes dans leur œuvre de destruction.

Schrœpfer et Kolmer en jetèrent les premières bases en Allemagne, dans le milieu du siècle dernier.

§ X.

Schrœpfer et Kolmer (1).

Schrœpfer, fils d'un limonadier, charlatan consommé, se donna d'abord comme le réformateur de la Franc-Maçonnerie et tenta de séduire les Princes allemands, au moyen de la Magie et de la Fantasmagorie, faisant à son gré apparaître des spectres, et jetant un moment l'épouvante dans la Prusse et dans Berlin en faisant prédire par des fantômes la mort de certains personnages connus, mort qui, par parenthèse, se réalisait souvent, ce qui ne fait pas l'éloge des moyens qu'il employait. Ce fut lui, dit-on, qui instruisit le comte de Saint-Germain, et celui-ci jouit, à la cour de Louis XV, d'un certain crédit, grâce à la protection de madame de Pompadour et de M. de Choiseul.

On sait qu'il montra à Louis XV le sort de ses enfants dans un de ces miroirs magiques qui sont encore un problème pour la science, et que le roi recula de terreur en voyant l'image du Dauphin lui apparaître décapitée. — Quant à Schrœpfer, on finit par lui défendre ses évocations, et il alla se tuer, à Leipsick, d'un coup de pistolet.

(1) Voir. — Manuscrits du prince de Hesse (documents relatifs aux Illuminés).

Kolmer, dont on ne connaît pas bien l'origine, mais qui pourrait bien être le fameux Altotas, compagnon de Cagliostro, dans sa jeunesse, après un long séjour en Égypte où il puisa probablement ses connaissances auprès d'adeptes des anciennes sciences magiques, revint en Europe, en 1771, pour faire des dupes. A Malte, où il s'arrêta d'abord, il se fit expulser à cause des principes désorganisateurs qu'il semait dans la populace. C'est là qu'il fut, dit-on, le maître de ce Joseph Balsamo, le fameux comte de Cagliostro que nous retrouverons plus tard comme agent de ces sociétés. — Kolmer fit aussi plusieurs élèves dans les Loges d'Avignon et de Lyon, et l'on dit qu'ayant rencontré en Allemagne Weischaupt, professeur de droit canon à l'université d'Ingolstadt, ce fut lui qui l'initia à ses croyances. Ce dernier, plus habile et plus capable que son maître, résolut de profiter de tous ces secrets pour former une nouvelle secte.

§ XI.

Weischaupt et les Illuminés (1).

Weischaupt, âgé seulement alors de vingt-huit ans, ayant des notions assez complètes sur les an-

(1) VOIR.—Les Illuminés, par Gérard de Nerval.—Histoire secrète de la cour de Berlin, par le comte de Mirabeau. 1789, in-8°, 2 vol. — Des

ciens Illuminés et sur les autres sociétés analogues, dévoré de haine contre les Jésuites chez lesquels il avait fait ses premières études et qui lui avaient dis-, puté la chaire du droit canonique, jusque-là exclusivement occupée par eux, résolut d'organiser un parti puissant contre cet ordre, de lui disputer son crédit, et, comme, en les détestant, il admirait leurs institutions, leur force et ce régime qui, sous un même chef, faisait tendre partout au même but tant d'hommes dispersés dans l'univers, il résolut d'employer une partie de leurs moyens en se proposant des vues diamétralement opposées, et par l'attrait des mystères, et par des légions d'adeptes, de détruire secrètement ce qu'ils soutenaient ouvertement. Il était, du reste, parfaitement placé pour préparer d'une main invisible la Révolution qu'il méditait, et se sentait la force et l'énergie de suppléer par des leçons secrètes à celles que, comme

Sociétés secrètes en Allemagne et autres contrées, de la secte des Illuminés, du tribunal secret de l'assassinat de Kotzebue. Paris, Gide, 1819, in-8°. — Les Sociétés secrètes de France et d'Italie, par Jean Witt (Buloz). Paris, 1830. — Instruction sommaire concernant la confrérie des Illuminés ou les frères de la Rose-Croix. 1789, in-8°. — Mémoires pour servir à l'histoire du Jacobinisme, par Barruel. Hamb., 1803, 5 vol. — Essai sur la secte des Illuminés, par le marquis de Luchet. Paris, 1789, in-8°. — Histoire de l'assassinat de Gustave III, roi de Suède, par un officier polonais, témoin oculaire. Paris, Forget, 1797, 8 vol. in-8°. — La Vérité sur les Sociétés secrètes en Allemagne. Paris, Dalibon, 1819. — Vie de Zimmerman, par Tissot. Lausanne, 1797. — De l'influence de l'esprit philosophique, etc., par M. Forgame. Paris, 1858. — Manuscrits du prince de Hesse. — Papiers relatifs aux Illuminés à Dortmund.

maître, il devait donner publiquement à ses élèves, car, pour ne rencontrer aucun obstacle, il fallait opérer dans l'ombre.

Il forma donc le plan d'une société secrète, dont il commença à rédiger les statuts sous le nom de société des Perfectibilistes et, plus tard, des Illuminés. — Il choisit, parmi les élèves qui suivaient son cours de droit, les plus intelligents et, s'annonçant à eux comme fondateur d'une société qui devait réformer le monde, il en fit ses premiers apôtres sous le nom d'Aréopagites, leur donna ses instructions, leur traça des itinéraires et les envoya sur divers points pour propager secrètement sa doctrine. Ces missionnaires remplirent si habilement leur mandat, que, lorsqu'on ne soupçonnait pas même l'existence de l'ordre dans Ingolstadt, cinq loges étaient déjà établies en Bavière, plusieurs en Souabe, en Franconie, à Milan, en Hollande, et plus de mille adeptes étaient enrôlés ; mais Weischaupt, après avoir jeté les fondements de sa société, ne se hâta pas de l'élever, de peur de la voir crouler faute de précautions ; et durant cinq ans entiers, il médita cette marche profonde qui devait assurer la réussite de ses complots. Combinant lentement et silencieusement cet ensemble de lois, de ruses, d'artifices et d'embûches, sur lequel il allait régler la préparation des candidats, le service des initiés, les fonctions, les droits, la conduite des chefs et la sienne même, il allait pesant tous les moyens de séduction, les compassant, les essayant successivement, tout prêt à les rejeter du moment qu'il en trouverait de meilleurs ; aussi, parmi les codes des sociétés secrètes, celui des Illuminés peut-il passer pour un chef-d'œuvre.

Son but était à peu près le même que celui des autres sociétés secrètes politiques, peut-être était-il encore plus audacieux et plus pernicieux ; c'était toujours le communisme déguisé. En voici les bases :

L'Égalité et la Liberté sont des droits essentiels que l'homme, dans sa perfection originaire et primitive, a reçus de la nature. — La première atteinte à l'Égalité fut portée par la propriété, la première atteinte à la Liberté fut portée par les sociétés politiques et les gouvernements, et les seuls appuis de la propriété et des gouvernements étant les lois religieuses et civiles, il faut, pour rétablir l'homme dans ses droits primitifs d'Égalité et de Liberté, commencer par détruire toute religion et toute société civile et finir par l'abolition de la propriété. Les princes et les nations doivent disparaître un jour de la surface de la terre, et il doit venir un temps heureux où les hommes n'auront plus d'autre loi que celle de la nature. — Cette révolution doit être l'œuvre des sociétés secrètes, et son but doit être la base des grands Mystères. — Pour rendre infaillible une révolution quelconque, il faut éclairer les peuples, et éclairer les peuples, c'est insensiblement amener l'opinion publique au vœu des changements qui sont l'objet de cette révolution. — Pour cela, il faut dominer, in-

sensiblement et sans apparence de moyens violents,
les hommes de tout état, de·toute nature, de toute
religion, souffler silencieusement partout le même
esprit, et son pouvoir une fois établi par la multitude et l'union des adeptes, lier les mains à tous ceux
qui résistent, et subjuguer, étouffer ou écraser tout
ce qui reste d'hommes que l'on n'a pu convaincre.
Tel était, en peu de mots, le but de la secte des Illuminés.

Weischaupt avait d'abord ignoré ce que voulaient
les Francs-Maçons ; il savait seulement qu'ils tenaient
des assemblées secrètes, qu'ils étaient unis par des
liens mystérieux, et qu'à certains signes ils savaient
se reconnaître. Se doutant bien que cet Ordre était
un moyen d'action pour certains individus, curieux
de connaître leurs croyances et leur organisation,
et désireux aussi probablement d'y faire des recrues
pour sa secte, il se fit recevoir maçon dans la Loge
Saint-Théodore de Munich. —En voyant déjà dans les
premiers grades invoquer les mots de Liberté et d'É-
galité, il soupçonna bien vite des mystères ultérieurs;
on lui disait bien que toute discussion politique et
religieuse était bannie des loges, et que tout maçon
devait rester fidèle à son prince et au christianisme,
mais lui-même, dans son illuminisme, en disait autant à ses novices et à ses Minervains ; aussi savait-il
à quoi s'en tenir sur ces recommandations. Il s'attacha donc un nommé Zwach, intrigant consommé,
parvenu déjà aux plus hauts grades, qui lui vendit

les secrets de la Maçonnerie et lui confia tous les détails qui lui avaient été donnés, lors de sa réception
aux grades supérieurs de la Loge écossaise. — Comprenant aussitôt quel parti immense il pourrait tirer, pour ses complots, de la multitude de Francs-
Maçons répandus en Europe, il donna immédiatement l'ordre à tous ses adeptes de se faire recevoir
Francs-Maçons, et il résolut de leur emprunter tout
ce qu'il jugeait convenable d'introduire dans sa
secte. Weischaupt, maître des secrets des Francs-
Maçons qui n'avaient pas les siens, fonda de suite
une loge à Munich, et il touchait au moment de sceller
ler avec les Francs-Maçons une alliance si désirée,
lorsque des altercations élevées entre lui et la secte
des Rose-Croix, dont il méprisait les calculs cabalistiques et toute l'obscure philosophie, le menacèrent
d'une rupture qu'il n'évita que par sa liaison avec
le baron de Knigge. Cet industriel Hanovrien, mal-
faisant, impie et dépravé, habile et prêt à tout faire,
initié par les frères de la stricte Observance dans
cette loge maçonnique, où le baron de Hundt avait
combiné les croyances des Templiers et des Maçons
pour fonder un régime nouveau, parvenu aux plus
hauts grades et instruit des secrets les plus cachés,
ayant proje té lu-même une nouvelle réforme maçonnique, crut trouver dans Weischaupt un agent
qui lui convenait; ce fut le marquis de Costanza,
député des Illuminés de Bavière, qui les réunit. De
son côté, Weischaupt, comptant sur les services qu'il

obtiendrait de son nouvel ami, en fit de suite un initié et le choisit pour l'organisation de ses classes supérieures d'Illuminés. — Ce zélé partisan lui conquit bientôt Bode, professeur de philosophie à Helmstæ lt, qui devait plus tard lui succéder dans la direction suprême de l'Ordre.

Tâchons d'exposer le plus brièvement possible le code et les règlements de la secte des Illuminés, tels que les combina Weischaupt avec l'aide de Knigge.

La hiérarchie des Illuminés comprenait deux grandes classes, ayant chacune leurs sous-divisions et leurs graduations proportionnées aux progrès et aux idées des adeptes.

La première classe, celle des préparations, se sous-divisait en quatre grades : Novice, Minerval, Illuminé mineur et Illuminé majeur. — A cette même classe se rattachaient des grades intermédiaires empruntés à la Franc–Maçonnerie comme moyen de propagation ; ainsi, par exemple, le code illuminé admettait les trois premiers grades maçonniques sans altérations, puis adoptait, d'une façon plus spéciale à ses vues, le grade de Chevalier écossais ou Illuminé directeur.

La deuxième classe se divisait en petits et grands mystères. — Les petits mystères comprenaient les grades de Prêtre et de Régent ou prince, et les grands mystères ceux de Mage ou philosophe et d'*homme-roi*. L'élite des derniers membres forme le grade d'Aréopagite avec lequel est formé le conseil.

Enfin il existe dans toutes les classes et dans tous les grades un rôle important, c'est celui de Frère insinuant ou enrôleur, grade qui oblige à chercher et à embaucher des sujets pour l'Ordre et à espionner leur conduite et leur vie. Primitivement, les Princes ne devaient pas être élevés au-dessus du grade de Chevalier écossais, mais Weischaupt trouva plus tard un expédient pour les admettre aux grades supérieurs, sans les initier complétement à certaines tendances de l'Ordre. On devait initier de préférence les jeunes gens de seize à vingt-cinq ans, surtout ceux dont l'éducation n'était pas achevée, et qui, par conséquent, étaient plus aptes à recevoir de nouveaux principes; à mérite égal, les protestants étaient préférés aux catholiques, et à chacun des grades les initiés étaient soumis à de fortes épreuves.

Dans les premiers grades, l'initié s'engageait par serment à ne rien faire de contraire à l'État, à la Religion et aux mœurs; puis il étudiait le langage de l'Ordre, les premiers statuts, et s'exerçait à la connaissance des hommes, c'est-à-dire à étudier, observer, juger ses amis et tous ceux qu'il voyait, à prendre sur eux des notes qu'il envoyait aux chefs restés pour lui inconnus; mais il ne savait pas qu'en même temps il était, de son côté, observé et étudié par son Frère insinuant qui envoyait de même toutes les notes qu'il avait prises sur lui. Enfin, et c'est ici que Weischaupt paraît plus spécialement assimiler sa secte à celle des Jésuites ; on exigeait de l'initié un abandon total de sa volonté et de son jugement, et on l'obligeait à faire lui-même, et par écrit, son portrait et à dévoiler tous ses intérêts, toutes ses relations et toutes celles de sa famille.

Pour le grade d'Illuminé majeur, il devait écrire franchement et sans dissimulation l'histoire de toute sa vie, et c'est là un de ces piéges fameux dans lequel, les Frères une fois enlacés, Weischaupt avait raison de dire : « Pour le coup, je les tiens, je les « défie de nous nuire, car, s'ils veulent nous trahir, « j'ai aussi leurs secrets. » En effet, le malheureux adepte voyait bientôt que les plus petites circonstances de sa vie étaient connues, les Frères de la Loge où il allait être admis étant ceux-là mêmes qui s'étaient partagé le soin de l'observer et de le scruter depuis son entrée dans la secte, et tout ce qui avait été observé et recueilli en secret sur lui ayant été exactement remis aux Frères de la Loge. — Cette terrible confession passée, on lui apprenait alors que le but de l'Ordre était de répandre la pure vérité, de combattre la superstition, l'incrédulité et la sottise, et que, pour cela, il fallait lier les mains aux protecteurs du mal et les gouverner sans paraître les dominer.

Pour le grade de Chevalier écossais, l'initié s'engageait à faire triompher l'ancienne Maçonnerie, à n'être jamais l'esclave des Princes, à combattre pour la vertu, la liberté et la sagesse, et à résister à la superstition et au despotisme, etc. Il apprenait alors que l'Illuminisme est la religion naturelle qui avait été conservée par les sages de l'antiquité, mais que la tyrannie des Prêtres et le despotisme des Princes en ayant altéré les dogmes et ayant opprimé d'un commun accord la malheureuse humanité, la Franc-Maçonnerie avait essayé de conserver la vraie doctrine, et que ce sont les Illuminés qui sont seuls en possession des secrets du vrai Franc-Maçon.

Pour le grade de Prêtre, l'Illuminé apprenait que la famille est la seule société, que la propriété tua l'Égalité et la réunion des hommes, la Liberté; que tout homme, dans sa majorité, peut se gouverner lui-même, et que, lorsqu'une nation est majeure, il n'est plus de raisons de la tenir en tutelle; que la Formation des Nations et des Peuples brisa le grand lien de la nature et que le monde cessa alors d'être une grande famille, que l'amour national prit la place de l'amour général, et que du Patriotisme naquit le Localisme, l'esprit de cité, et enfin l'égoïsme, perte du bonheur des humains.

Les Écoles secrètes répareront un jour tous ces maux, et les Princes et les Nations disparaîtront sans violence de la Terre pour y laisser régner seule la famille.

Voilà donc déjà l'Illuminé qui, dans ses premiers grades, s'était engagé à ne rien faire contre la Religion et le gouvernement, maintenant bien clairement instruit du grand but auquel tend désormais toute l'instruction qu'il doit répandre : « apprendre

« aux peuples à se passer des Princes, des gouver-
« nements et de toute loi et société civile ; » tel sera
donc l'objet de ses leçons. — Quant à la Religion,
on s'est contenté jusqu'alors de lui dire que la doctrine religieuse avait été altérée, maintenant on va
lui apprendre : que Jésus, simple prophète, vint enseigner la doctrine de la Raison, et que, pour la
rendre plus efficace, il érigea cette doctrine en Religion, en se servant des traditions des Juifs, que ses
seuls préceptes étaient : l'amour de Dieu et du pro-
chain, que personne n'a frayé à la Liberté des voies
plus sûres, qu'il fut forcé de cacher le sens sublime
et les suites naturelles de sa doctrine, mais qu'il avait
une doctrine secrète, ainsi qu'on le voit dans les
Évangiles, et que cette doctrine avait pour but de
rendre aux hommes leur égalité et leur liberté origi-
nelles, et c'est ainsi que s'expliquent la doctrine du
péché originel, de la chute de l'homme, et celle de
Jésus libérateur du monde, etc.

Après toutes ces belles explications, l'Illuminé
était sacré Prêtre et couvert de ce fameux bonnet
rouge qui devait bientôt, en France, devenir celui
des Jacobins.

Pour être admis au grade de Régent ou Prince
Illuminé, l'initié devait faire son testament et y ex-
primer bien spécialement ses volontés sur les papiers
secrets qui pouvaient se trouver chez lui, si la mort
venait l'y surprendre. Il fallait qu'il se munît, de la
part de sa famille ou du magistrat public, d'un reçu

juridique de la déclaration qu'il avait faite sur cette partie de son testament, et qu'il en eût reçu par écrit la promesse que ses intentions seraient remplies. Après une nouvelle instruction sur la Franc-Maçonnerie et les devoirs de l'Illuminé, il était alors proclamé *homme libre*, et le Provincial, comme signe de cette liberté, lui rendait tout le recueil des actes qui le concernaient, tous les serments et toutes les promesses qu'il avait faites dans les admissions aux grades précédents, etc. Rien de plus habile que cette politique, car l'initié qui avait été dans les liens de la société jusqu'à ce moment, maintenant qu'il avait été éprouvé, connu et qu'il n'avait plus aucun intérêt à s'en retirer, était libre. — On ne lui demandait plus alors qu'à aider ses frères et à travailler au bonheur du genre humain.

Quant aux deux derniers grades de mage et d'*homme-roi*, l'Illuminé, pour se perfectionner dans cette pernicieuse doctrine, apprenait que toutes les Religions sont fondées sur l'imposture et sur les chimères, que toutes finissent par rendre l'homme lâche, rampant et superstitieux, que tout, dans ce monde, est matériel, et que Dieu et le Monde ne sont qu'une même chose. — Au résumé, il arrivait tout droit à l'Athéisme.

Tels étaient la doctrine et le code de cette dangereuse secte, qui, par l'énergie de ses chefs, le nombre de ses adeptes, allait donner une nouvelle impulsion aux idées révolutionnaires, en se réunissant aux

Francs-Maçons, aux Swedenborgiens, aux Martinistes et à toutes les sectes qui couvraient alors l'Europe.

§ XII.

Congrès de Wilhelmsbad et ses résultats (1).

Muni des pleins pouvoirs de Weischaupt, Knigge parcourut plusieurs villes d'Allemagne, s'annonçant comme le réformateur de l'Ordre maçonnique, et c'est ainsi qu'il se présenta, en 1782, au congrès de Wilhelmsbad, où s'étaient rendus, de toutes les parties de l'Europe, du fond de l'Amérique et des confins mêmes de l'Asie, les agents des diverses sociétés maçonniques qui comptaient alors plus de trois millions d'adeptes répandus sur le globe entier.

Ce congrès avait plusieurs causes.

D'abord, l'écrit intitulé, *La pierre d'achoppement*, avait commencé à ouvrir les yeux d'une partie des frères de la secte de la *stricte Observance*, qui, pour savoir au juste si ce qu'on leur disait était vrai, envoyèrent à Rome, à la cour du Prétendant, le frère

---

(1) Voir. — Manuscrits du prince de Hesse. — Mémoires pour servir à l'histoire du Jacobinisme, par Barruel. Hamb., 1803, 5 vol. — Des Sociétés secrètes en Allemagne et autres contrées, de la secte des Illluminés, du tribunal secret, de l'assassinat de Kotzebue. Paris, Gide, 1819, in-8°. — Essai sur les sectes des Illuminés, par le M⁸ de Luchet. Paris, 1789, in-8°. — La Vérité sur les Sociétés secrètes en Allemagne. Paris, Dalibon, 1819.

Wachter (*eques ab ceraso*); celui-ci n'y apprit rien, attendu qu'à cette cour, où l'on n'avait plus guère d'espoir, on lui nia même ce que l'on avait fait. D'un autre côté, une partie des chefs étaient fort embarrassés au sujet des fameux mystères qu'ils devaient divulguer, n'en ayant pas, et encore plus embarrassés au sujet des sommes énormes qu'ils avaient reçues et dont ils ne pouvaient indiquer l'emploi. Les chefs entreprenants et actifs des sociétés nouvelles choisirent donc ce moyen d'un congrès pour les renverser en les forçant à s'expliquer. On obtint du duc de Brunswick, grand maître de la maçonnerie d'Allemagne, poussé sous main, et sans s'en douter, par les Illuminés et les Chevaliers bienfaisants, de convoquer le convent, soi-disant pour découvrir le vrai but et l'origine authentique de l'ordre maçonnique.

La première séance eut lieu à Wilhelmsbad, petite ville à une demi-lieue de Hanau, le 16 juillet 1782.

Les maîtres de la *stricte Observance* y donnèrent des explications si pitoyables, que le duc de Brunswick les suspendit pour trois ans, et la secte y reçut le coup mortel. Les loges suédoises y prouvèrent qu'elles avaient les plus anciennes doctrines, en apportèrent des preuves et annoncèrent qu'elles possédaient des secrets qu'elles offrirent de faire connaître aux loges allemandes, si on reconnaissait pour grand Maître de toute l'Allemagne leur propre chef, le duc de Sudermanie. Le duc de Brunswick, remplacé par lui en effet, et désolé surtout d'apprendre qu'il ne savait rien, partit pour Upsal pour s'y faire instruire, mais il n'y apprit guère qu'une chose, c'est qu'il avait été joué. N'en sachant pas davantage, il revint en Allemagne, provoqua une scission entre les Suédois et les Allemands, et se fit nommer de nouveau grand Maître, pensant avec raison qu'il pouvait bien l'être, puisqu'il en savait autant que les autres.

Quant aux sectes bien dirigées en ce moment et qui avaient réellement un but et des secrets, comme les Illuminés et les Chevaliers bienfaisants, ils se gardèrent bien de les divulguer publiquement, et, se contentant de faire des recrues et d'établir leur influence, ils laissèrent les autres sectes se disputer et convenir, après vingt-huit assemblées, qu'on ne savait rien.

Knigge enrôla dans ce congrès des magistrats, des savants, des ecclésiastiques, des ministres d'État, sut offrir aux uns une protection puissante, à d'autres des honneurs, des emplois, à tous la flatterie, et s'allia avec les députés de Saint-Martin et de Villermoz. — Dès ce moment, le succès de l'illuminisme fut rapide et menaçant, le centre en fut porté à Francfort, et l'Autriche, la Prusse et le Tyrol furent envahis, et les adeptes enrôlés à Wilhelmsbad reportèrent dans leur pays ces projets désorganisateurs. Durant six mois entiers, ces sectaires avaient délibéré en paix dans leur ténébreuse loge sans que les souverains et les magistrats parussent s'inquiéter un seul instant de ce qui se tramait contre eux, et il n'y avait pas un an que le congrès était terminé, que la secte s'étendait de l'Italie à Bruxelles.

Knigge et Weischaupt avaient résolu d'illuminiser la France la dernière, car la sachant parfaitement préparée d'ailleurs et douée d'un génie impatient et difficile à contenir, ils craignaient que chez elle l'explosion ne fût prématurée, et Weischaupt ne voulait pas d'une révolution partielle, qui n'aurait servi qu'à mettre en garde tous les autres souverains. — Ils s'étaient donc bornés à choisir quelques adeptes français à Wilhelmsbad, entre autres Dietrich, ce maire de Strasbourg qui devint en Alsace l'émule de Robespierre. — Ils allaient d'ailleurs bientôt conquérir un adepte bien plus important : c'était Mirabeau. C'est en 1785 que ce dernier, envoyé en Prusse par M. de Vergennes pour une mission secrète, se vit de suite entouré par tous les illuminés, Nicolaï, Biester, Gedike, etc..... qui, jetant les yeux sur lui, le reçurent dans leurs conciliabules ; ce fut Mauvillon, élève de Knigge et professeur au collége Carolin, qui l'initia. — Une fois au courant de la doctrine, mais surtout de l'organisation puissante de la société, Mirabeau comprit quel parti il pourrait tirer de cette secte s'il parvenait à la dominer, et il espéra certainement fonder par ce moyen une oligarchie puissante en France. Il exposa alors une partie des plans des Illuminés comme un projet beau, noble et grand, et connaissant les immenses relations des Jésuites, leur force et l'opposition qu'ils lui feraient, il poussa contre eux, par une ruse de guerre, ce cri bizarre : « que les Jésuites couvraient le sol, qu'ils étaient partout, parmi les Francs-Maçons, les Rose-Croix, les mystiques, etc., et que, pour s'emparer du pouvoir, ils s'étaient introduits jusque dans la dernière classe des Jacobins. »

Mirabeau, voulant définitivement séparer la cause des démocrates et des niveleurs de celle des hommes religieux, jeta ainsi la méfiance et l'épouvante au sein de toutes les associations, qui furent obligées de se compter et de s'épurer pour ne garder que leurs adeptes les plus sûrs.

Comment le cabinet de Versailles n'avait-il pas prévu ce qui arriverait si on laissait influencer les états généraux par le protecteur de ce système, et comment n'avait-il pas trouvé un moyen d'éliminer de cette assemblée un homme contre lequel il y avait déjà tant d'autres titres de réprobation?

De retour en France, Mirabeau introduisit la nouvelle doctrine dans sa loge des Philalèthes, où il fit adopter ces principes au duc d'Orléans, à Brissot, à Condorcet, à Grégoire, à Savalette, à Court de Gebelin, à d'Héricourt, etc., et il persuada aux agents de Weischaupt qu'il était temps de se montrer chez une nation qui n'attendait que leurs moyens pour hâter une révolution qui, de là, se répandrait sur l'Europe entière. — Dès lors, il fut décidé que la France serait définitivement illuminisée. Amélius Bode fut nommé pour cet apostolat avec l'aide de

Guillaume baron de Busche, capitaine hollandais, homme plein de ruses et d'artifices, et qui fut spécialement chargé des provinces. Bientôt les nouveaux adeptes, Chappe de la Henrière, Condorcet, Brissot, Garat, Ceruty, Mercier, Rabaut, Cara, Dupuis, Dupont, La Lande, Chapellier, Pethion, le marquis de la Coste, Dietrich, Babœuf, Barnave, Lebon, Courtois, Sièyes, Fréteau, Le Pelletier de Saint-Fargeau, Savalette, Dolomieu, Saint-Just, Camille Desmoulins, Hébert, Santerre, Fourcroy, Danton, Marat, Melin, Bonne, Chateau-Randon, Chenier, Gudin, Gramont, Lametherie, Lasalle, Champfort, Laclos, Sillery, Guillotin, etc., etc., allaient amener à leurs assemblées secrètes la lie de la populace et appeler à leurs mystères ces légions de gardes-françaises qu'ils destinaient déjà au siége de la Bastille ; mais, s'ils renversent, ils ne fonderont jamais rien, car leur plan était absurde et insoutenable : l'immoralité ne sait que renverser et détruire, et nullement édifier et conserver.

§ XIII.

Saint-Germain , Cagliostro et l'affaire du collier (1).

Deux hommes, agents de ces sociétés, les aidèrent puissamment par leur esprit d'intrigue, leur intelli-

(1) VOIR. — Papiers relatifs à Cagliostro appartenant à M. Denis du Var. — Histoire secrète de la cour de Berlin par le comte de Mirabeau.

gence, leur audace et l'engouèment qu'ils inspiraient.

Le premier, Saint-Germain, initié en Allemagne, par Schrœpfer, comme nous l'avons vu, était un aventurier dont on ne sait au juste ni le nom, ni l'origine, ni la famille ; on croit seulement qu'il était fils d'un juif portugais ou bâtard du roi de Portugal. — Admis à la cour de Louis XV, grâce à la protection de Mme de Pompadour et de M. de Choiseul, il y jouit longtemps d'un certain crédit et vécut avec splendeur. — Très-fin, très-spirituel, très-instruit en alchimie, il disait posséder toutes sortes de secrets et prétendait avoir gardé le souvenir d'une foule d'existences antérieures, parlait souvent de Charles-Quint, de Francois Ier, et même de Jésus-Christ, comme ayant vécu de leur temps et dans leur familiarité, et racontait ses aventures dans les longs siècles de notre histoire, avec une mémoire et un

1789, in-8, 2 vol. — Confessions du comte de Cagliostro avec l'histoire de ses voyages en Russie, Turquie, Italie et dans les Pyramides d'Égypte. Paris, 1787, in-4°. — Vie de Joseph Balsamo, connu sous le nom de comte de Cagliostro, extraite de la procédure instruite contre lui à Rome en 1790. Paris, 1791, in-8° rel. — La magie de Cagliostro dévoilée par lui-même. Londres, 1789, in-8°. — Collection de mémoires, requêtes par Cagliostro, comte de Rohan, dame d'Olive, dame de Lamotte, de Villette, etc. Pièces du procès du collier avec le plan de la Bastille et tous les portraits des accusés. Paris, 1786, 52 pièces (en ma possession). Testament de mort et déclarations faites par Cagliostro, trad. de l'italien. Paris, 1791, in-8°. — Anecdoctes arrivées à Londres, le 1er de 1786, au frère Balsamo, etc. Gros in-folio. —Aventures de Cagliostro, par Jules de Saint-Félix. Paris, 1854.

aplomb prodigieux. — C'est rue Plâtrière et à Ermenonville qu'il développait ses théories. — Il se servait souvent, pour ses apparitions, de ce fameux miroir magique qui fit, en partie, sa réputation ; la fantasmagorie le servait au mieux et, comme il évoquait, par des effets de catoptrique, des ombres demandées et presque toujours reconnues, sa correspondance avec l'autre monde était une chose prouvée pour beaucoup de gens. On croit, et c'est plus que probable, qu'il devint l'espion de divers ministres. — Il se retira à Hambourg, où il eut plusieurs entrevues avec Cagliostro dans les débuts de celui-ci, puis mourut définitivement à Schleswig auprès du prince de Hesse-Cassel en 1784.

Le comte de Cagliostro eut une influence bien plus grande et bien plus réelle que Saint-Germain, qui n'avait, pour ainsi dire, fait que lui tracer la route. Il suffit de suivre sa vie pour voir avec quelle activité cet agent des sociétés maçonniques travailla pour l'Ordre.

Joseph Balsamo naquit à Palerme, le 8 juin 1743, de Pierre Balsamo et de Félicie Braconnieri, honnêtes marchands. Doué d'un esprit prompt et subtil, il avait une imagination ardente et un caractère aventureux et rusé. Ayant perdu ses parents, il fut d'abord mis au couvent de Saint-Roch à Palerme, puis au Benfratelli de Cartagirone, où il fut confié aux soins du frère apothicaire pour étudier la botanique et la chimie ; mais bientôt il s'évada du couvent et

vécut dans le vagabondage, le libertinage et le jeu.
Arrêté plusieurs fois pour différents méfaits, il fut
enfin obligé de quitter la Sicile, et partit de Messine
avec un Arménien nommé Altotas, à ce qu'il a toujours prétendu. Il paraît toutefois certain, d'après la
procédure faite à Rome en 1790, qu'ils visitèrent
l'Archipel et les côtes de la Grèce, puis l'Égypte, où
ils gagnèrent beaucoup d'argent en imitant l'or sur
les étoffes par des procédés chimiques. Ils gagnèrent
ensuite Malte, où ils séduisirent complétement le
grand Maître Pinto, demi-savant, qui leur livra sa
maison et son laboratoire. C'est depuis cette époque
qu'on ne retrouve plus trace de cet Altotas que j'ai
tout lieu de croire être ce même Kolmer qui, vers
cette époque, passa de Malte en Allemagne, où il jeta
les premières bases des Illuminés. Balsamo revint seul
à Naples et de là à Rome, où il joua le rôle d'homme
honnête et religieux, et se fit présenter au baron de
Breteuil , ambassadeur de France. C'est là qu'il
épousa, à la paroisse Saint-Sauveur-des-Champs, la
belle Lorenza Feliciani, fille d'un fondeur, et que,
dans un but de spéculation, il entreprit de suite de
la corrompre; mais, comme elle avait de bons sen-
timents, les scènes qui en résultèrent le brouillèrent
avec la famille. — Peu de temps après, forcé de
partir de Rome par suite de ses liaisons avec des
faussaires et des escrocs, il passa à Venise, emme-
nant Lorenza, de là en Espagne, puis en Angleterre
en 1772, où il joua un triste rôle, fut mis en prison

pour dettes, et racheté par sa femme. On le trouve
ensuite passant en France avec un M. Duplaisir,
amant de la belle Lorenza, et dont ils mangeaient
tous deux la fortune. C'est à ce moment que, Lorenza
s'étant échappée de chez lui, Cagliostro obtint de la
faire enfermer à Sainte-Pélagie; mais il la reprit peu
de temps après.

C'est alors qu'il commença à fonder sa réputation
d'alchimiste, et à se donner publiquement comme
maître dans les sciences hermétiques qu'il avait apprises en Orient. La magie, dont il allait commencer à faire un instrument politique pour la Franc-
Maçonnerie, avait à cette époque et eut, surtout
après son arrivée, d'assez nombreux partisans. Les
effets de la lanterne magique et de la fantasmagorie,
toutes les illusions de la vue au moyen des instruments
du père Kircher et, plus tard, de Robertson lui étaient
familiers, ainsi que toutes les lois de la lumière ré-
fléchie, avec lesquelles les magiciens trompaient le
sens de la vue. — Il avait d'ailleurs appris en Orient
certaines lois de catoptrique dues à ces fameux miroirs magiques, jadis connus des prêtres du paganisme, et qui font encore l'étonnement des physiciens
de notre époque. La cataptromancie ou divinisation
par les miroirs constellés, fabriqués par les musulmans de la Mésopotamie au moyen âge, offrait déjà
des effets merveilleux, puisque, en les exposant à
une surface réfléchissante, ils offraient des figures
exactement pareilles à celles qui se trouvaient gra-

vées en relief à leurs revers; mais, comme, dans ce
cas, les images étaient presque toujours immobiles,
les magiciens y joignaient les parfums hallucinatoires
pour agir sur le cerveau des consultants, et choisissaient toujours de préférence, pour voir, des enfants;
car l'aptitude du cerveau à produire spontanément
des hallucinations et des sensations illusoires est
beaucoup plus grande chez les jeunes sujets que chez
les adultes; aussi les spectres animés qui surgissaient
au commandement de Cagliostro dans les miroirs ou
bocaux transparents étaient principalement aperçus
par des filles ou garçons impubères que ce célèbre
magicien appelait ses pupilles et ses colombes.
Complétant la formation des images fascinatrices au
moyen de l'hydromancie dont les règles étaient et
sont encore, je crois, peu connues, il plaçait au centre
d'un cercle chargé de figures cabalistiques un globe
de cristal rempli d'eau sur laquelle flottait souvent
un morceau de camphre enflammé dont les émana-
tions aidaient par l'hallucination à la perception des
objets réfléchis dans l'eau. — Aux yeux des esprits
ardents et crédules, Cagliostro commença à passer
pour un homme prodigieux, possédant le secret de
la pierre philosophale pour la transmutation des métaux et la recette mystérieuse de la matière première
pour la régénération de l'homme; aussi ne tarda-t-il
pas à voir se grouper autour de lui les croyants, les
initiés et les dupes. — Aussitôt que Mesmer eut
professé son nouveau système, Cagliostro, bien loin

de résister au courant de l'opinion publique, et voyant, au contraire, dans le magnétisme un nouveau moyen de charlatanisme, s'en fit de suite un auxiliaire.

Après s'être procuré d'assez fortes sommes par toute sorte d'intrigues, il partit pour Bruxelles, et de là pour l'Allemagne, et c'est là que, mis en relation avec les principaux agents de la secte maçonnique, les élèves de Kolmer, son ancien maître, qui apprécièrent bien vite son habileté et son astuce, il devint bientôt l'agent voyageur des sectes des Illuminés et de la stricte Observance, qui, ayant adopté une partie des croyances des Templiers, pour dissimuler leur but, se posaient, soi-disant, comme leurs vengeurs. L'argent que ces sectes mirent à sa disposition lui fut d'une grande utilité pour imposer et faire des dupes. Seulement il voulut, pour réussir, rendre la Franc-Maçonnerie apparente plus séduisante, et puisa, dans l'ancienne maçonnerie égyptienne qu'il avait étudiée en Orient, la pierre fondamentale d'un rite nouveau, ou plutôt de la façon nouvelle dont il voulait présenter et faire admettre les croyances maçonniques. Il résolut de parler aux yeux de la foule par le prestige de l'origine, le nombre et la variéte des grades et la magnificence du cérémonial, et, ainsi qu'il arrive toujours, l'innovation trouva une foule de croyants et d'adeptes, et comme d'ailleurs il avait acquis, en Sicile et dans ses voyages en Grèce et en Égypte, plusieurs secrets alchimiques et médi-

cinaux qui lui avaient déjà donné une réputation de
cures merveilleuses, on publia bientôt partout des
faits extraordinaires ou de guérison ou d'événements,
prédits par les pupilles ou colombes qu'il employait
dans ses opérations magiques.

Parcourant et présidant en secret toutes les loges,
et professant publiquement la chimie et la cabale,
il parcourut l'Allemagne, retourna à Naples, à Marseille, en Espagne, puis en Angleterre, toujours accompagné de Lorenzá ; il y fit de nouvelles dupes et
fonda de nouvelles loges. — Il en partit avec des
fonds considérables, passa à Venise sous le nom de
Mⁱˢ Pellegrini, traversa encore une fois l'Allemagne,
pour s'entendre avec les chefs des sociétés secrètes,
et arriva en Holstein, où il retrouva le comte de
Saint-Germain. Il passa de là en Courlande, où il
fit une recette considérable, et travailla, dit-on, à
renverser le grand-duc, et partit pour Saint-Pétersbourg avec la riche cargaison qu'il avait amassée. —
En passant à Mittau, il fonda de nouvelles loges et
pour les hommes et pour les femmes, et y donna
des séances d'évocation et de double vue qui firent
beaucoup de bruit dans toute l'Europe. En arrivant
à Saint-Pétersbourg, il s'annonça, sous le nom de
comte de Fénix, comme chimiste et médecin, et mena
d'abord une existence assez mystérieuse. Catherine II
était alors dans tout l'éclat de sa puissance ; esprit
fort lié avec le roi de Prusse, Diderot, d'Alembert,
Voltaire, etc..., elle protégeait encore alors les loges

maçonniques. Cagliostro soignant les malades de la classe pauvre et leur donnant de l'argent au lieu d'en recevoir, la belle Lorenza séduisant les boyards par son esprit et sa beauté, le couple fut bientôt entouré et fêté partout où il se présentait ; mais Lorenza étant, dit-on, devenue la maîtresse de Potemkin, un ordre immédiat de Catherine de partir sous quatre jours, avec un don de vingt mille roubles, remit en route le couple d'intrigants plus riche que jamais.

C'est alors qu'ils arrivèrent à Strasbourg, précédés d'une réputation extraordinaire, et Cagliostro muni d'un brevet de colonel délivré, disait-il, par le roi de Prusse. Il allait travailler la France, mais, résolu de s'emparer de l'esprit du clergé et de la considération publique, il visita les hôpitaux, soignant les malades et les secourant avec une magnificence qui éblouissait la multitude.

Il ne tarda pas à se lier avec l'abbé Georget, secrétaire du cardinal Louis de Rohan, qui bientôt, enthousiasmé de lui, en parla au cardinal pour le lui présenter. — Cagliostro, connaissant à fond le caractère du prince, son esprit doux, ardent et enclin à la crédulité, voyant en lui une dupe illustre, résolut de s'en emparer à tout prix. — Petit à petit, et avec une grande habileté, il arriva à le charmer, et, connaissant la situation obérée de la fortune du cardinal, il parvint à lui persuader qu'il possédait la science de faire de l'or. — Dans une séance restée célèbre il produisit des lingots d'or pour une somme considérable; le cardinal fut ébloui, et le prince de Rohan, grand aumônier de France, fut désormais dominé par le charlatan Balsamo.

Il s'occupa alors activement de fonder de nouvelles loges, et fit de nombreux prosélytes. Ses guérisons, son charlatanisme, ses séances et ses dupes lui rapportèrent un nombre considérable de présents et d'argent. D'Alsace il se rendit à Lyon, où il fut reçu avec de grands honneurs par la loge de la stricte Observance, et y fonda, avec un luxe extrême, une nouvelle loge, celle de la *Sagesse triomphante*, qui devait devenir la mère de toutes les autres. De Lyon il se rendit à Bordeaux, où il resta onze mois à organiser les Loges maçonniques, et arriva enfin à Paris pour la seconde fois.

Si la cour de France s'était moralisée depuis quelques années, la ville l'avait peu suivie dans cette voie; affolée de scepticisme et de liberté, elle était gouvernée par l'irréligion et l'esprit frondeur et révolutionnaire. Cagliostro devina de suite la société crédule et immorale au milieu de laquelle il allait jouer sa comédie, et il l'étudia près d'un an, avant d'entrer en scène par un de ces coups de maître qui pousserait contre la Monarchie et la Religion toute une population corrompue et irréligieuse. — Il s'établit donc rue Saint-Claude, au Marais, dans une maison isolée, entourée de jardins, où il établit son laboratoire et ses officines; bientôt le mystère de sa vie et la beauté de Lorenza firent parler tout Paris. C'est

alors que, parmi les personnes qu'il fréquentait
comme utiles à ses projets futurs, il se lia avec la
comtesse de Lamotte issue, disait-elle, du sang des
Valois, jeune et belle, adroite, rusée, douée d'une
audace et d'une rouerie peu communes, mariée à un
espèce d'aventurier et admise, grâce à ses intrigues,
dans plusieurs maisons respectables et dans l'intimité
du cardinal de Rohan, auquel elle extorquait souvent
de l'argent. Dangereuse et séduisante, elle était affi-
liée aux escrocs les plus adroits de Paris, et bientôt
Cagliostro et elle furent liés d'une étroite intimité.
La conduite habile de ce dernier augmenta bientôt
sa réputation ; sa charité envers les pauvres, sa libé-
ralité, plusieurs cures extraordinaires, entre autres
celle du prince de Soubise, portèrent au comble l'enthousiasme à son égard. Cependant, poursuivant secrètement son but, il travaillait activement au rôle
dont il était chargé. En 1782, il fonda une mère
Loge d'adoption de la haute Maçonnerie égyptienne,
puis, dans son logis, une seconde pour ses disciples
les plus instruits et les plus sûrs.

Les 72 loges de Paris envoyèrent bientôt des députés à une séance solennelle, où il déploya, dit-on,
un grand talent d'éloquence, et les frères en sortirent aux trois quarts fascinés. A la suite de cette
réunion, pour donner les preuves des prodiges qu'il
pouvait faire et des secrets qu'il possédait pour l'évocation des esprits, il annonça que, dans un souper
intime composé de six convives désignés parmi les

hauts dignitaires d'Ordre, il évoquerait six morts qu'on lui désignerait et qui viendraient s'asseoir au banquet. Six convives, parmi lesquels le grand Maître, Philippe d'Orléans, furent désignés, et le souper eut lieu chez Cagliostro rue Saint-Claude. Les six morts évoqués furent le duc de Choiseul, Voltaire, d'Alembert, Diderot, l'abbé de Voisenon et Montesquieu ; ils y parlèrent, dit-on, avec une impudence rare et ne ménagèrent personne, pas même leur propre personnalité. L'aventure fit du bruit et, quoique racontée en secret, excita la curiosité de tout Paris. C'est à ce moment que Cagliostro jugea utile d'augmenter son influence en faisant initier, par Lorenza, une partie des femmes de la société qui, la plupart écervelées et dévorées du désir de voir les choses extraordinaires dont on parlait dans tout Paris, la sollicitaient pour être admises à un cours de magie. Il avait été, en effet, décidé, parmi les chefs des Illuminés sur la proposition de Zwach, le confident de Weischaupt, qu'on pourrait former un ordre de femmes dans la maçonnerie, et le projet avait été ainsi conçu :

« ORDRE DES FEMMES. — *Cet ordre aura deux classes formant chacune leur société, ayant même chacune leur secret à part. La première sera composée de femmes vertueuses, la seconde de femmes volages, légères et voluptueuses.*

« *Les unes et les autres doivent ignorer qu'elles sont dirigées par des hommes. On fera croire aux deux su-*

périeures qu'il est au-dessus d'elles une mère Loge du même sexe, leur transmettant des ordres qui, dans le fond, seront donnés par des hommes.

« *Les frères chargés de les diriger leur feront parvenir leurs leçons sans se laisser connaître; ils conduiront les premières par la lecture de bons livres, et les autres en les formant à l'art de satisfaire secrètement leurs passions.*

« *L'avantage que l'on peut se promettre de cet ordre serait de procurer au véritable ordre d'abord tout l'argent que les sœurs commenceraient par payer, et ensuite tout celui qu'elles promettraient de payer par les secrets qu'on aurait à leur apprendre.* »

Ce projet avait déjà été mis en exécution par Philippe d'Orléans, qui avait fondé une loge pour les femmes *à la Candeur* sous la présidence de la duchesse de Bourbon, grande maîtresse de l'ordre pour les femmes, et une autre sous la direction de madame de Genlis.

Le jour où la duchesse eut une entrevue à ce sujet avec Lorenza, celle-ci lui répondit que la loge serait fondée si elle trouvait trente-six adeptes; le soir, la liste était complète, et chaque sœur avait versé cent louis. L'installation de la nouvelle loge eut lieu, sous l'invocation d'Isis, le 7 août. — Comme les noms des initiées ont été, je crois, jusqu'ici inconnus, je crois curieux d'en citer au moins quelques-unes, en ayant la liste authentique dans les mains. C'étaient la comtesse de Brienne, la comtesse Dessalles, Char-

lotte de Polignac, de Brassac, de Choiseul, d'Espin-
chal, de Boursonne, de Trévières, de la Blache, de
Montchenu, d'Ailly, d'Auvet, d'Evreux, d'Erlach,
de la Fare, la marquise d'Havrincourt, de Monteil,
de Bréhant, de Bercy, de Baussan, de Loménie et
de Genlis, etc.

Cette séance étrange où Lorenza prêcha l'émanci-
pation des femmes et Cagliostro descendit du pla-
fond, habillé en génie et monté sur une boule d'or,
pour prêcher les jouissances matérielles, se termina,
dit-on, par un souper avec les trente-six amants de
ces dames prévenus par l'habile grand Cophte. Les
chansons et les plaisirs terminèrent l'initiation, ainsi
que le prouvent les vers suivants que prononça le
F. marquis de L. T. du P.

> On m'a raconté que l'amour,
> Voulant connaître nos mystères,
> Des sœurs, avant d'aller aux frères,
> Le fripon avait pris jour.
> Votre loi, dit-il, me condamne,
> Mais je veux être frère aussi ;
> Car, ma foi, ce n'est qu'ici
> Que l'amour est profane.
>
> On craint son dard et son flambeau,
> Armure aimable et meurtrière ;
> On les lui prend, le voilà frère.
> On fait tomber son bandeau ;
> Mais en recouvrant la lumière
> Le Dieu redemande ses traits,
> Il prit, voyant tant d'attraits,
> La loge pour Cythère, etc.

La comtesse Dessalles y répondit par les suivants :

Chères sœurs, dont la présence
Vient d'embellir nos climats.
Recevez pour récompense
Le plaisir qui suit nos pas ;
Du lien qui nous attache
Doublons la force en ce jour,
Et que le respect se cache
Pour faire place à l'amour.

C'est ainsi que les déesses,
Déposant leur majesté ,
Vont, par de pures tendresses,
Jouir de l'égalité.
Les mortels osent leur dire
Comme ils savent aimer.
Entendre ce qu'on inspire
Vaut le bonheur d'inspirer.

Grâce à la fin de cette séance qui fut, à ce qu'il
paraît, fort goûtée, le secret fut assez bien gardé, et
nulle ne fut ingrate envers Cagliostro. Il fut prôné
et porté aux nues ; l'engouement pour lui fit des progrès immenses, et l'opinion publique se déclara en
sa faveur.

C'est alors qu'éclata l'affaire du collier, cette affaire si simple où la vérité, quoi qu'on en puisse dire,
est si peu entourée de nuages. Tous les documents,
toutes les requêtes adressées au parlement, toutes les
dépositions des témoins offrent, à celui qui veut bien
les lire, le vrai sens de l'affaire. Ce procès est bien
obscur, ont dit beaucoup d'écrivains ; j'aime à croire
qu'ils ne se sont pas donné la peine de lire les docu-

ments authentiques ; car rarement la vérité fut démontrée plus clairement dans un procès, et les dépositions du père Loth, les aveux de la duchesse d'Oliva, de Villette le faussaire, tout enfin dans les documents remis à la grande chambre montre qu'un acharnement infâme contre la malheureuse Marie-Antoinette a pu seul pousser tous les écrivains qui ont présenté cette affaire sous un jour défavorable pour elle.

Puisque l'affaire passe encore pour obscure, examinons-la d'après les pièces mêmes du procès, et voyons aussi quel rôle y joua le grand agent des sociétés secrètes.

Boehmer, joaillier de la couronne, avait réuni des diamants magnifiques dont il avait fait un collier estimé 1,600,000 livres, espérant le vendre à la reine ; mais celle-ci, qui avait adopté les idées de réforme de Louis XVI, les refusa. — Boehmer proposa le collier à plusieurs cours de l'Europe et ne put parvenir à le placer. Il revint donc à la charge, sollicita le roi, puis la reine, prétendant être ruiné si elle ne les achetait pas ; celle-ci lui refusa de nouveau et le tança même assez vertement sur son insistance.

Sur ces entrefaites, madame de Lamotte eut connaissance de ce qui s'était passé à la cour au sujet de ces diamants. Elle résolut de les voler pour passer ensuite à l'étranger, et pour tramer l'intrigue, qui devait faire passer le collier dans ses mains, elle s'adjoignit un sieur Villette, ancien gendarme, escroc très-expert dans l'art de contrefaire les écritures, qu'elle employa d'abord comme secrétaire. Connaissant beaucoup le cardinal de Rohan, et le sachant donc crédule et très-désireux de reconquérir les bonnes grâces de la reine qui avait une antipathie prononcée contre lui, elle imagina d'en faire le pivot de cette intrigue. Elle persuada donc au cardinal, avec un art infini, que la reine était très-désireuse d'acheter le collier de Boehmer, et que, ne voulant pas le demander au roi, elle avait résolu de le payer sur ses économies en prenant des termes, et que, pour cela, il fallait un personnage considérable qui serait le prête-nom de la reine et qui inspirerait assez de confiance au joaillier pour qu'il lui laissât les diamants. Il devait reconquérir ainsi les bonnes grâces de la reine, qui lui serait éternellement reconnaissante de ce service. Le cardinal fut fasciné, et madame de Lamotte, qui lui avait persuadé, ainsi qu'à beaucoup d'autres personnes, qu'elle avait des relations secrètes avec la reine, se chargea de la prévenir que Mgr de Rohan se mettrait en son lieu et place vis-à-vis de Boehmer, mais que la reine, avant l'échéance de chaque billet, lui ferait passer les fonds par les mains de madame de Lamotte. Elle lui apporta bientôt un billet soi-disant de la reine qui autorisait l'achat, billet fabriqué par Villette et dont cependant le cardinal crut reconnaître l'écriture. — Quant à Cagliostro, il se conduisit dans toute cette intrigue avec une habileté rare. Quoiqu'il fût le conseil de son amie, madame de Lamotte, il eut soin de ne laisser subsister aucune trace de sa coopération à cette affaire, de se ménager un alibi constaté, par un soi-disant séjour à Lyon, depuis le commencement jusqu'à la fin de la négociation du collier, et même de ne pas être lui-même intermédiaire avec la demoiselle d'Oliva qu'il avait choisie, dit-on, pour jouer le rôle de la reine. Il fit agir M. de Lamotte et son adepte favori, le baron de Planta, officier suisse attaché au cardinal ; seulement, au moment de l'achat du collier, il fut forcé d'agir sur l'esprit du cardinal pour le décider, et le 29 janvier 1785, dans une séance magique mystérieuse, ayant pour pupille la demoiselle de la Tour, nièce de madame de Lamotte, il annonça au prince de Rohan : « que la négociation entreprise était digne de lui, et que la reine comblerait de faveurs le prince de Rohan. »

Le lendemain de la séance, les titres et les fausses approbations de la reine étaient échangés, par le cardinal, contre les diamants qu'il porta de suite à Versailles chez madame de Lamotte. Là, un prétendu valet de chambre de la reine, qui n'était autre que Villette le faussaire admirablement grimé, vint les chercher. — Le tour était fait, et les diamants, peu de jours après, en Angleterre avec Villette et le comte de Lamotte résolus à les vendre pour eux ou l'association.

Quelques mois se passèrent sans que la reine parût avec les diamants et sans un mot d'elle, et l'inquiétude du cardinal devint extrême ; mais Villette était encore en Angleterre, et on ne pouvait fabriquer de nouvelles lettres ; enfin il revint et écrivit un nouveau billet qui calma un peu le cardinal. Le terme du premier payement approchant, et la reine n'envoyant pas les cent mille écus, Mme de Lamotte les fit alors prêter au cardinal par le financier Sainte-Jammes, homme vaniteux, auquel elle persuada qu'elle lui ferait avoir le cordon rouge pour ce service. Une nouvelle lettre contenant l'approbation de ce prêt, mais pour cette fois seulement, fut encore écrite et portée au cardinal.

Pour achever de le fasciner complétement et lui faire payer tout le collier volé, les associés résolurent de lui faire avoir une entrevue avec la reine, et ils choisirent, pour jouer ce rôle, une fille nommée d'Oliva, ressemblant étonnamment à la reine et qui accepta ce rôle peut-être bien sans se douter de sa portée ; un nouveau billet vint bientôt annoncer au cardinal un rendez-vous, pour le soir, dans un bosquet de Trianon. — Mgr de Rohan, accompagné de l'adepte de Cagliostro, le baron de Planta, y vint tout ému et faillit se trouver mal, en voyant à la pâle clarté de la lune la soi-disant reine dans un costume d'une imitation parfaite, qui vint droit à lui, et, lui donnant sa main à baiser, lui dit : « Je n'ai qu'un moment à vous donner, je suis contente de vous, je vais bientôt vous élever à la plus haute dignité. » — Un bruit de pas se faisant entendre, la prétendue reine parut effrayée, et, lui donnant une rose, lui dit : « Voilà madame la comtesse d'Artois qui me cherche, éloignez-vous. » — Il se retira de suite et rejoignit madame de Lamotte.

Mais peu de jours après, Boehmer, inquiet de ne pas voir les diamants portés par la reine, en parla à la première femme de chambre de service, qui, le jour même, en avertit la reine. — L'indignation de celle-ci fut au comble, et elle alla immédiatement demander au roi la punition des coupables.

Le cardinal, mandé immédiatement (c'était le jour de l'Assomption), vint au cabinet du Conseil. — Louis XVI l'interpella brusquement pendant que la reine, pâle de colère, restait silencieuse. Le cardinal, atterré, ne sut que tirer de sa poche une des prétendues lettres de la reine. — Le roi, la saisissant, la parcourut rapidement, et s'adressant au cardinal : « Monsieur, ce n'est ni l'écriture ni la signature de la reine ; comment un prince de Rohan, un grand aumônier de France, a-t-il pu croire que la reine signait Marie-Antoinette de France, lorsque personne n'ignore que les reines ne signent que leur nom de baptême. »

Le cardinal, immédiatement arrêté par les gardes sur un signe du baron de Breteuil, fut transféré à la Bastille. — Madame de Lamotte fut incarcérée dans la même journée ; on se saisit, à Lyon, de Villette qui s'y était caché ; mademoiselle d'Oliva fut arrêtée en Belgique ; quant au comte de Lamotte, il se sauva en Angleterre. — Le soir même, un officier, suivi de gardes, se transporta chez Cagliostro, qui voulut, dit-on, se défendre ; mais, malgré sa magie, il ne fut pas moins appréhendé et porté à la Bastille.

Malgré toute la famille de Rohan, le parlement fut saisi de l'affaire, et rendit le jugement suivant :

Lamotte, contumace, condamné aux galères.

La comtesse de Lamotte, fouettée, marquée d'un V aux deux épaules, sera enfermée à perpétuité.

Villette, qui avait à peu près tout avoué, fut banni pour toujours.

La demoiselle d'Oliva, qui avoua le rôle qu'elle avait joué, fut mise hors de cour.

Cagliostro, qui se défendit avec un art infini et passa son temps à faire des requètes contre le gouverneur de la Bastille et sur lequel on ne put réunir aucune preuve, fut déchargé de l'accusation, ainsi que le cardinal de Rohan ; mais ce dernier perdit toutes ses places et fut exilé à l'abbaye de la Chaise-Dieu. On doit ajouter que, quoiqu'il fût déchargé de l'accusation, les membres de la famille de Rohan se réunirent pour payer au joaillier la somme de 1,600,000 livres, prix du collier volé.

Mais l'acharnement contre la malheureuse Marie-Antoinette, acharnement soulevé et par les écrivains, et par une partie des femmes de la cour, et par le duc de Chartres et même par le comte de Provence, était tel à cette époque, que la comtesse de Lamotte fut transformée en victime. La supérieure de la Salpêtrière se prit d'un attachement et d'une compassion incroyables pour cette intrigante, et un an après facilita son évasion et son arrivée en Angleterre, où M. de Calonne lui fit écrire des mémoires qui ne sont qu'un long outrage à la reine de France. On prétend qu'elle mourut en Angleterre en 1791, mais j'ai de fortes présomptions pour croire qu'elle vivait encore en Artois à la fin de la Restauration. Le comte de Lamotte vivait encore en 1829, ainsi qu'on peut le voir dans les *Mémoires* de Lafont d'Aussone, et habitait Paris, recevant une pension donnée par Louis XVIII, problème assez difficile à résoudre.

Quant à Cagliostro, abandonné de Lorenza, qui, mise en liberté après sept mois de détention, avait disparu, il paraît que le séjour de la Bastille l'avait fait réfléchir, et que sa magic ne le rassurait guère contre le fameux donjon. Retiré d'abord à Passy, il finit par redouter même les agents de la Franc-Maçonnerie; aussi ne tarda-t-il pas à s'embarquer pour l'Angleterre.

Là le courage lui revint un peu, et c'est alors qu'il rédigea cette célèbre lettre au peuple français (1787) où il annonçait l'œuvre et la réalisation des projets des sociétés secrètes, et prédisait la Révolution, la destruction de la Bastille et de la monarchie,

et l'avénement d'un prince (le duc de Chartres) qui
abolirait les lettres de cachet, convoquerait les états
généraux et rétablirait la vraie Religion. Il reçut, à
Londres, des envoyés de toutes les sociétés secrètes
et créa une loge au rite égyptien ; mais bientôt pour-
suivi par des créanciers ameutés contre lui par le
gazetier Morande, il s'évada de Londres après s'être
fait devancer par son argent et ses bijoux, traversa
de nouveau l'Allemagne et se réfugia à Bâle, où il
fonda la Loge mère du pays helvétique. S'occupant
toujours de la Maçonnerie, il passa à Turin, à Rove-
redo, à Trente et à Vérone, puis enfin arriva à Rome
où il retrouva Lorenza. Malgré sa science de faire de
l'or, il tomba bientôt dans la misère et écrivit aux
Loges françaises pour obtenir de l'argent, puis créa à
Rome une nouvelle Loge correspondant avec celle de
France et d'Allemagne. Les événements de France,
après l'insurrection du 14 juillet, le décidèrent à adresser une profession de foi aux états généraux, puis, peu
de temps après, une missive aux frères agissants, Bar-
rère, Grégoire, Égalité, etc. La police pontificale
intercepta la lettre, et Cagliostro fut arrêté le 27 septembre 1789 et enfermé au château Saint-Ange. Il
fit des aveux assez complets, quoique mélangés de
mensonges, et fut jugé le 7 avril 1791 et condamné
à la peine de mort ; mais Pie VI commua sa peine
en une détention perpétuelle. Voici le jugement :

Joseph Balsamo, atteint et convaincu de plusieurs
délits et d'avoir encouru les censures et les peines pro-

noncées contre les hérétiques formels, les hérésiarques et les maîtres et les disciples de la magie superstitieuse, a encouru la censure et les peines établies, tant par les lois apostoliques de Clément XII et de Benoît XIV, contre ceux qui, de quelque manière que ce soit, favorisent et forment des sociétés et des conventicules de Francs-Maçons, que par l'édit du conseil d'État porté contre ceux qui se rendent coupables de ce crime à Rome ou dans tout autre lieu de la domination pontificale. Cependant, à titre de grâce, la peine qui livre le coupable au bras séculier est commuée en prison perpétuelle dans une forteresse où il sera étroitement gardé sans espoir de grâce, et, après qu'il aura fait l'abjuration comme hérétique formel dans le lieu actuel de sa détention, il sera absous des censures, et on lui prescrira les pénitences auxquelles il devra se soumettre.

Le livre manuscrit, qui a pour titre Maçonnerie égyptienne, *est solennellement condamné comme contenant des rites, des propositions, une doctrine et un système qui ouvrent une large porte à la sédition, et comme propre à détruire la religion chrétienne, superstitieux, blasphématoire, impie et hérétique, et ce livre sera brûlé publiquement par la main du bourreau avec les instruments appartenant à cette secte.*

Par une nouvelle loi apostolique, on confirmera et on renouvellera non-seulement les lois des souverains pontifes précédents, mais encore l'édit du conseil d'État, qui défendent les sociétés et les conventicules des

Francs-Maçons, faisant particulièrement mention de la secte égyptienne et d'une autre vulgairement appelée les Illuminés, et l'on établira les peines les plus graves et principalement celles des hérétiques, contre quiconque s'associera à ces sociétés ou les protégera.

Joseph Balsamo mourut deux ans après, âgé de cinquante ans. Je n'ai pu trouver aucun document sur lafin de Lorenza.

§ XIV.

Cazotte (1).

A côté de ces charlatans consommés, dangereux agents des plus mauvaises doctrines, l'impartialité oblige de ne pas passer sous silence un des plus célèbres Illuminés, un des plus fameux Martinistes du temps, qui s'illustra autant par ses vertus que par son courage, et qui, fidèle à son devoir, aima mieux mourir que de transiger. Je veux parler de Cazotte dont il serait injuste de ne pas dire un mot.

Jacques Cazotte, né à Dijon vers 1720 et élevé chez les Jésuites, vint ensuite à Paris, et il fut placé dans l'administration de la marine où il acquit, vers 1747, le grade de commissaire. Déjà, à cette époque, il s'occupait de littérature et surtout de poésie. —

______

(1) Voir. — Les Illuminés, par Gérard de Nerval.

Nommé contrôleur aux Iles-sous-le-Vent, il alla à la
Martinique, où bientôt, aimé et considéré de tous,
il épousa mademoiselle Élisabeth Roignan, fille du
premier juge de cette colonie. — On dit que c'est là
qu'il composa pour son amie d'enfance, madame
Poissonnier, nourrice du duc de Bourgogne, ces
deux ballades restées célèbres :

> Tout au beau milieu des Ardennes, etc.,
> La fille du comte de Tours, etc.

Vers 1749, au moment où les Anglais attaquèrent
la colonie, Cazotte déploya une grande activité, et il
montra même des connaissances stratégiques très-
remarquables dans l'armement du fort Saint-Pierre
où l'attaque fut repoussée malgré la descente des
Anglais.

Rappelé en France par la mort de son frère, il
sollicita bientôt sa retraite qui lui fut accordée dans
les termes les plus honorables avec le titre de commissaire général de la marine. — Il avait ramené
en France sa femme avec laquelle il vint s'établir
dans la terre de son frère, à Pierry près d'Épernay.
Il avait vendu tous ses biens de la Martinique au
sieur Lavalette, supérieur des Jésuites, qui l'avait
payé en lettres de change sur la compagnie : celle-
ci les laissa protester, et les supérieurs ne voulant
pas payer, Cazotte fut réduit, à son grand chagrin,
à leur faire un procès qui fut le premier de tous ceux
qui fondirent ensuite sur l'Ordre.

C'est à cette époque qu'il publia *le Diable amou-reux*, espèce de livre mystique dans le genre de *l'Ane d'or* de l'Apulée. — Ce livre attira immédia-tement l'attention des Illuminés, initiés, mystiques et autres qui s'empressèrent d'entourer Cazotte et de l'initier à leur doctrine avec d'autant plus de facilité qu'il avait l'esprit très-porté à ces croyances. Il fut reçu parmi les Martinistes dans cette Loge où quel-que chose de la métaphysique juive se mêlait aux théories obscures des philosophes Alexandrins, et où les adeptes croyaient arriver à la domination des Es-prits par les *communications* de tous genres.— Long-temps les croyances de Cazotte furent douces et to-lérantes et ses visions claires et riantes, et c'est alors qu'il composa ses *Contes arabes* dignes des *Mille et une nuits*. Causeur ami du merveilleux, il avait reçu de la nature le don particulier de voir les choses sous leur aspect fantastique, et se plaisait et excel-lait à faire de ces récits fantastiques qu'on écoutait alors si avidement. C'est ainsi qu'il disait avoir connu, peu de temps avant sa mort, Marion De-lorme, morte, disait-il, à cent quarante ans, et qu'il racontait, comme les tenant d'elle, les détails les plus inconnus et les plus curieux sur la mort de Henri IV, à laquelle Marion Delorme avait assisté. — Il com-plétait ainsi, mais avec la réserve d'une honnête sin-cérité, ce trio de causeurs amis du merveilleux, Saint-Germain et Cagliostro, si forts à la mode alors. — On connaît la célèbre séance de Cazotte, rapportée par la Harpe, mais, comme l'authenticité en est douteuse, je ne la citerai point.

Les Martinistes ayant pris dès lors une tendance politique des plus marquées, Cazotte, qui ne voulait point soutenir de son talent une doctrine qui tournait autrement qu'il ne l'avait pensé, s'éloigna d'eux. — Aussi cet homme si bien doué, doué surtout du don funeste de prévoir les événements sinistres, passa les dernières années de sa vie dans le dégoût de la vie littéraire et dans le triste pressentiment des orages politiques.

Retiré en Champagne, père d'une fille charmante et de deux fils aussi pleins d'enthousiasme et de cœur que lui, le bon Cazotte, qui semblait devoir être heureux, ne vivait qu'assombri par la vue des malheurs politiques qui l'effrayaient ainsi que sa vieille amie, la marquise de la Croix, adepte, comme lui, de l'Illuminisme. Prévoyant la marche des événements, il fit partir son fils Scévole, pour prendre du service dans les gardes du roi, sachant bien les dangers auxquels il le dévouait. Scévole, non moins exalté que son père dans son mysticisme et aussi fidèle que lui dans ses convictions monarchiques, fut de ceux qui, au retour de Varennes, protégèrent la famille royale contre la fureur des républicains. Il sauva même le Dauphin, enlevé un instant à ses parents, et le rapporta à la Reine.

C'est dans une lettre écrite à un de ses amis, vers cette époque, que je trouve ce beau passage :

« Je suis bien aise que ma dernière lettre ait pu
vous faire quelque plaisir. — Vous n'êtes pas initié !
applaudissez-vous-en. Rappelez-vous le mot *et scien-
tia eorum perdit eos.* — Si je ne suis pas en danger,
moi que la grâce divine a retiré du piége, jugez du
risque de ceux qui restent. La connaissance des
choses occultes est une mer orageuse d'où l'on n'a-
perçoit pas le rivage. »

Les lettres de Cazotte au Roi, où il l'exhorte au
courage et à la résistance, furent saisies chez l'intendant Laporte, son ami, pendant la journée san-
glante du 10 août. Avec les hommes de cette époque, elles auraient peut-être suffi à faire condamner
un vieillard en proie à d'aussi innocentes rêveries
mystiques ; en tout cas, Fouquier-Tainville, dans son
acte d'accusation, le signala comme ayant coopéré,
par ses lettres, au complot des chevaliers du poignard et comme ayant indiqué les moyens de faire
évader le Roi auquel Cazotte avait offert plusieurs
fois sa maison, comme asile momentané, dans sa
fuite.

Décrété d'accusation, il fut arrêté dans sa maison
de Pierry.

« Reconnaissez-vous ces lettres ? » lui dit le commissaire.

« Elles sont de moi, en effet.

« Et c'est moi qui les ai écrites sous la dictée de
mon père, » s'écria sa fille Élisabeth, jalouse de partager sa prison. Arrêtée ainsi que son père, ils fu-

rent enfermés à l'Abbaye, dans les derniers jours d'août. Madame Cazotte implora en vain d'être enfermée avec eux.

On sait comment la nouvelle de la prise de Longwy décida les massacres de septembre, préparés par Danton et par la commune de Paris, et comment les trois ou quatre cents massacreurs se portèrent aux prisons pour égorger les prisonniers. Déjà, depuis plusieurs heures, le massacre durait à l'Abbaye, lorsque, vers minuit, on cria le nom de Cazotte. Il se présenta aussitôt avec fermeté devant le sanglant tribunal présidé par Maillard qui, appelant Cazotte à haute voix, prononça immédiatement ce mot terrible : « à la Force, » c'est-à-dire à la mort. A ce moment, Élisabeth, qu'on forçait à remonter, se précipita en bas de l'escalier et gagna la porte extérieure qui donnait dans la cour toute retentissante des cris des mourants. Elle s'élança aussitôt entre les deux tueurs qui avaient déjà mis la main sur Cazotte, et leur demanda, ainsi qu'au peuple, la grâce de son père. Son apparition inattendue, sa grâce, ses paroles touchantes, les cheveux blancs et la noble figure du condamné presque octogénaire, l'effet sublime de ces deux nobles figures émurent quelques restes d'instinct généreux dans une partie de cette cruelle populace.

On cria grâce de toutes parts ; Maillard hésitait encore, mais un des tueurs, nommé, dit-on, Michel, prenant un verre de vin, dit à Élisabeth : « Écoutez,

citoyenne, pour prouver au citoyen Maillard que vous
n'êtes pas une aristocrate, buvez cela au salut de la
nation et au triomphe de la république. » La coura-
geuse fille but sans hésiter, et la foule, en applaudis-
sant, s'ouvrit pour laisser passer le père et la fille
qu'on reconduisit jusqu'à leur demeure.

Le lendemain, plusieurs des amis de Cazotte vinrent le visiter, et l'un d'eux, M. de Saint-Charles, lui
dit en l'abordant : « Vous voilà sauvé. » — « Pas pour
longtemps, lui répondit Cazotte en souriant tristement, car, un moment avant votre arrivée, j'ai eu
une vision. J'ai cru voir un gendarme qui venait me
chercher de la part de Péthion, j'ai été obligé de le
suivre ; j'ai paru devant le maire de Paris qui m'a fait
conduire à la Conciergerie et, de là, au tribunal révolutionnaire. Mon heure est venue. » — En effet, le
14 septembre, il vit réaliser sa vision, et sa fille obtint
de le suivre en prison, où elle resta jusqu'à son dernier
jour. Après vingt-sept heures d'interrogatoire et sur
le réquisitoire de Fouquier-Tainville, il fut condamné
à mort. Mais la plus étrange circonstance de ce procès, ce qui peint le pouvoir des initiés et des illuminés à cette triste époque, ce qui montre leur but et
la froide cruauté qui leur faisait massacrer les leurs,
plutôt que reculer, ce qui m'a fait citer la vie de Cazotte afin d'arriver à ce dénoûment, c'est l'étrange
discours tenu alors à Cazotte par Lavau, président du tribunal révolutionnaire et ancien membre,
comme lui, de la société des Illuminés, discours qui

fut alors généralement incompris des spectateurs.

« Faible jouet de la vieillesse, dit-il, toi dont le cœur ne fut pas assez grand pour sentir le prix d'une liberté sainte, mais qui as prouvé, par ta sincérité dans les débats, que tu savais sacrifier jusqu'à ton existence pour le soutien de ton opinion, écoute les dernières paroles de tes juges : puissent-elles verser dans ton âme le baume précieux des consolations! puissent-elles, en te déterminant à plaindre le sort de ceux qui viennent de te condamner, t'inspirer cette stoïcité qui doit présider à tes derniers instants et te pénétrer du respect que la loi nous impose à nous-mêmes! Tes pairs t'ont entendu, tes pairs t'ont condamné, mais, au moins, leur jugement fut pur comme leur conscience; au moins, aucun intérêt personnel ne vint troubler leur décision. — Va, reprends ton courage, rassemble tes forces, envisage sans crainte le trépas, songe qu'il n'a pas droit de t'étonner, ce n'est pas un instant qui doive effrayer un homme tel que toi. — Mais, avant de te séparer de la vie, regarde l'attitude imposante de la France, dans le sein de laquelle tu ne craignais pas d'appeler à grands cris l'ennemi; vois ton ancienne patrie opposer aux attaques de ses vils détracteurs autant de courage que tu lui as supposé de lâcheté. Si la loi eût pu prévoir qu'elle aurait à prononcer contre un coupable de ta sorte, par considération pour tes vieux ans elle ne t'eût pas imposé d'autre peine; mais rassure-toi, si elle est sévère quand elle poursuit, quand

elle a prononcé, le glaive tombe bientôt de ses mains;
elle gémit sur la perte de ceux-mêmes qui voulaient
la déchirer. — Regarde-la verser des larmes sur tes
cheveux blancs qu'elle a cru devoir respecter jusqu'au moment de ta condamnation; que ce spectacle
porte en toi le repentir; qu'il t'engage, vieillard malheureux, à profiter du moment qui te sépare encore
de la mort, pour effacer jusqu'aux moindres traces
de tes complots par un regret justement senti! Encore un mot : tu fus homme, chrétien, philosophe,
initié; sache mourir en homme, sache mourir en
chrétien, c'est tout ce que ton pays peut attendre de
toi. »

Ce bizarre et hypocrite discours laissa Cazotte im-
passible; il leva seulement les yeux vers le ciel et fit
un signe d'inébranlable foi dans ses convictions.

Il marcha courageusement à la mort, et, monté sur
l'échafaud, s'écria d'une voix très-haute : « Je meurs
comme j'ai vécu, fidèle à Dieu et à mon roi. » C'é-
tait le 25 septembre, à 7 heures du soir, sur la place
du Carrousel.

Ainsi périt le plus honnête des Illuminés.

§ XV.

La Révolution.

Avant de terminer cette trop longue étude et avant
d'arriver au dénoûment de tous ces travaux souterrains, après avoir réuni tous les documents qui mon-
trent d'une façon certaine l'immense travail et la redoutable influence des loges à cette époque de notre
histoire, puisque c'est des loges que sortirent tous
les plus grands niveleurs de la révolution qui crurent
même avoir tout fait et que la Franc-Maçonnerie
avait accompli son œuvre, de telle sorte que, dès 92,
les travaux maçonniques languirent en France, et
que les frères, entraînés par les affaires publiques,
négligèrent les assemblées, et qu'enfin, de 1792 à
1796, tous les travaux de la grande Loge furent définitivement suspendus, je ne puis m'empêcher de
citer ce passage du F... Louis Blanc expliquant les
causes de la révolution française.

« Une association composée d'hommes de tout pays,
de toute religion, de tout sang, liés entre eux par des
conventions symboliques, engagés, sous la foi du serment, à garder d'une manière inviolable le secret de
leur existence intérieure, soumis à des épreuves lu-
gubres, s'occupant de fantastiques cérémonies, mais
pratiquant d'ailleurs la bienfaisance et se tenant pour
égaux, bien que répartis en trois classes, apprentis,

compagnons et maîtres, c'est en cela que consiste la Franc-Maçonnerie, mystique institution que les uns rattachent aux initiations de l'Égypte, et que les autres font descendre d'une confrérie d'architectes, déjà formée au IIIe siècle.

« Or, à la veille de la Révolution française, la Franc-Maçonnerie se trouvait avoir pris un développement immense. — Répandue dans l'Europe entière, elle secondait le génie méditatif de l'Allemagne, agitait sourdement la France et présentait partout l'image d'une société fondée sur des principes contraires à ceux de la société civile.

« Dans les loges maçonniques, en effet, les prétentions de l'orgueil héréditaire étaient proscrites et les priviléges de la naissance écartés. Quand le profane, qui voulait être initié, entrait dans la chambre appelée cabinet des réflexions, il lisait, sur les murs tendus de noir et couverts d'emblèmes funéraires, cette inscription caractéristique : « Si tu tiens aux distinctions humaines, sors, on n'en connaît pas ici. »

« Par le discours de l'Ordre, le récipiendaire apprenait que le but de la Franc-Maçonnerie était d'effacer les distinctions de couleur, de sang, de patrie, d'anéantir le fanatisme, d'extirper les haines nationales ; et c'était là ce qu'on exprimait sous l'allégorie d'un temple immatériel élevé au grand Architecte de l'univers par les sages des divers climats, temple auguste dont les colonnes, symbole de force et de sagesse, étaient couronnées des grenades de l'amitié. Aussi y avait-il au-dessus du trône du Président ou Vénérable un delta rayonnant au centre duquel était écrit en caractères hébraïques le nom de Jéhovah.

« Ainsi, par le seul fait des bases constitutives de son existence, la Franc-Maçonnerie tendait à décrier les institutions et les idées du monde extérieur qui l'enveloppait. Il est vrai que les institutions maçonniques portaient soumission aux lois, observation des formes et des usages admis par la société du dehors, respect aux souverains. Il est vrai encore que, réunis à table, les Maçons buvaient au Roi dans les États monarchiques, et au magistrat suprême dans les républiques ; mais de semblables réserves, commandées à la prudence d'une association que menaçaient tant de gouvernements ombrageux, ne suffisaient pas pour annuler les influences naturellement révolutionnaires, quoiqu'en général pacifiques, de la Franc-Maçonnerie. Ceux qui en faisaient partie continuaient bien à être, dans la société profane, riches ou pauvres, nobles ou plébéiens ; mais au sein des Loges, temples ouverts à la pratique d'une vie suprême, riches, pauvres, nobles, plébéiens devaient se reconnaître égaux et s'appelaient Frères. — C'était une dénonciation indirecte, réelle pourtant et continue des iniquités, des misères de l'ordre social ; c'était une propagande en action, une prédication vivante.

« D'un autre côté, l'ombre, le mystère, un serment
terrible à prononcer, un secret à apprendre pour prix
de mainte sinistre épreuve courageusement subic,
un secret à garder sous peine d'être voué à l'exécra-
tion et à la mort, des signes particuliers auxquels les
Frères se reconnaissaient aux deux bouts de la terre,
des cérémonies qui se rapportaient à une histoire de
meurtre et semblaient rouvrir des idées de vengeance, quoi de plus propre à former des conspira-
teurs ? et comment une pareille institution, aux ap-
proches de la crise voulue par la société en travail,
n'aurait-elle pas fourni des armes à l'adresse cal-
culée des sectaires, au génie de la liberté pru-
dente ?

« Dans la Loge des Neuf-Sœurs vinrent successivement se grouper Garat, Brissot, Bailly, Camille Desmoulins, Condorcet, Champfort, Danton, Dom
Gesle, Rabaud Saint-Étienne, Péthion, Fauchet.—
Goupil de Préfeln et Bonneville dominèrent dans la
Loge de la Bouche-de-Fer. — Sieyès fonda au Pa-
lais-Royal le club des Vingt-deux. — La loge de la
Candeur devint, quand la Révolution gronda, le rendez-vous des partisans de Philippe d'Orléans, Laclos, Latouche, Sillery, et parmi eux se rencontrè-
rent Custine, les deux Lameth, La Fayette, etc.

« Mais la Franc-Maçonnerie, on l'a vu, n'avait pas
un caractère homogène. — Les trois prèmiers grades
admettaient toutes sortes d'opinions ; au delà, la
diversité des rites répondait à la diversité des sys-

tèmes, et, comme on peut en juger par les noms de
Sieyès, de Condorcet, de Brissot, la philosophie des
encyclopédistes et les tendances de la bourgeoisie
avaient une large place dans les loges. — Il ne faut
pas s'étonner si les Francs-Maçons inspirèrent une
vague terreur aux gouvernements les plus soupçon-
neux, s'ils furent anathématisés à Rome par Clément XII, poursuivis en Espagne par l'inquisition,
persécutés à Naples ; si, en France, la Sorbonne les
déclara dignes des peines éternelles. — Et toutefois,
grâce au mécanisme habile de l'institution, la Franc-
Maçonnerie trouva dans les princes et les nobles
moins d'ennemis que de protecteurs. Il plut à des
souverains, au grand Frédéric, de prendre la truelle
et de ceindre le tablier. — Pourquoi non ? L'existence des hauts grades leur étant soigneusement
dérobée, ils savaient seulement de la Franc-Maçonnerie ce qu'on pouvait montrer sans péril, et ils n'a-
vaient point à s'en inquiéter, retenus qu'ils étaient
dans les grades inférieurs, où le fond des doctrines
ne perçait que confusément à travers l'allégorie et où
beaucoup ne voyaient qu'une occasion de divertisse-
ment, que des banquets joyeux, que des principes
laissés et repris au seuil des Loges, que des formules
sans application à la vie ordinaire et, en un mot,
qu'une comédie de l'égalité. Mais, en ces matières,
la comédie touche au drame, et il arriva, par une
juste et remarquable dispensation de la Providence,
que les plus orgueilleux contempteurs du peuple fu-

rent amenés à couvrir de leur nom, à servir aveuglément de leur influence les entreprises latentes dirigées contre eux-mêmes. — Cependant, parmi les
princes dont nous parlons, il y en eut un envers qui
la discrétion ne fut pas nécessaire, c'était le duc de
Chartres, le futur ami de Danton, ce Philippe-Éga-
lité si célèbre dans les fastes de la Révolution à laquelle il devint suspect et qui le tua. — Quoique
jeune encore et livré aux étourdissements du plaisir,
il sentait déjà s'agiter en lui cet esprit d'opposition
qui est quelquefois la vertu des branches cadettes,
souvent leur crime, toujours leur mobile et leur
tourment. — La Franc-Maçonnerie l'attira ; elle lui
donnait un pouvoir à exercer sans effort ; elle promettait de le conduire le long des chemins abrités
jusqu'à la domination du forum ; elle lui préparait
un trône moins en vue, mais aussi moins vulgaire
et moins exposé que celui de Louis XVI ; enfin, à
côté du royaume connu où la fortune avait rejeté sa
maison sur le second plan, elle lui formait un empire peuplé de sujets volontaires et gardé par des
soldats passifs. Il accepta donc la grande maîtrise
aussitôt qu'elle lui fut offerte, et, l'année suivante,
la Franc-Maçonnerie, depuis longtemps en proie à
d'anarchiques rivalités, se resserra sous une direction centrale et régulière qui s'empressa de détruire
l'inamovibilité des Vénérables, constitua l'ordre sur
des bases entièrement démocratiques et prit le nom
de grand Orient. Là le point central de la corres-

pondance générale des loges, là se réunirent et résidèrent les députés des villes que le mouvement occulte embrassait ; de là partirent des instructions dont un chiffre spécial ou un langage énigmatique ne permettait pas aux regards ennemis de pénétrer le sens. — Dès ce moment, la Franc-Maçonnerie s'ouvrit jour par jour à la plupart des hommes que nous retrouverons au milieu de la mêlée révolutionnaire. »

§ XVI.

Le résultat (1).

Tout est donc prêt pour la grande curée. La France est couverte d'ateliers que parcourent les agents des Illuminés; on fait recevoir, dans les loges, ces légions de gardes-françaises qu'on destine déjà au siége de la Bastille, on établit partout des clubs et des sociétés à l'instar de celles que l'Union germanique avait multipliées au delà du Rhin, comités régulateurs et politiques, dont les délibérations sont portées au comité des correspondances du grand Orient, d'où elles sont envoyées aux vénérables des provinces.

L'insurrection est bientôt fixée au 14 juillet 89; alors les cris de liberté et d'égalité se font entendre

______

(1) VOIR.— De l'influence de l'esprit philosophique, etc., par M. Forgame. Paris, 1858.

partout hors des loges; Paris est hérissé de piques,
de baïonnettes et de haches. — La Bastille tombe
sous les coups des gardes mêlés à la populace, et les
courriers qui en portent la nouvelle aux Provinces
reviennent en annonçant que les villes et les villages
sont en insurrection et que les mêmes cris retentis-
sent déjà sur toutes les routes. — Il n'y a plus d'an-
tres maçonniques, les vrais adeptes occupent les
sections et les comités révolutionnaires; les barrières
sont brûlées, les châteaux incendiés, le redoutable
jeu des lanternes a commencé, le monarque est as-
siégé dans son palais, ses gardes sont immolés et
Louis XVI est emmené captif dans sa capitale.

Alors de l'Église des Jacobins, Mirabeau, Sieyès,
Barnave, etc., appellent à eux tous les adeptes des
loges parisiennes; les conjurés s'empressent de les
suivre et tous couverts d'un bonnet rouge, Condorcet,
Brissot, Garat, Ceruty, Mercier, Rabaut, Cara, Dupuis, Dupont, La Lande, Capellier, La Coste, etc.,
s'inscrivent en première ligne. — Tous veulent bien
renverser ce qui existe; mais, pour créer un nouvel
ordre de choses, il est encore des vœux qui s'entre-
choquent. Lafayette veut un roi Doge soumis à
l'Empire et aux lois du peuple souverain; Philippe
d'Orléans, qu'il n'y ait point de roi ou qu'il le soit
lui-même; Brissot ne reconnaît ni le roi de Lafayette ni Philippe, il lui faut la magistrature de sa
démocratie; à Mirabeau, un ordre de choses quelconque dont il soit le grand modérateur; Dietrich,

Condorcet, Babœuf et les autres disciples de **Weis-**chaupt ne veulent que l'homme-roi, n'ayant que lui-même pour maître.

Obtenir la convocation des états généraux et anéantir dans ces états la distinction des trois Ordres, tel fut le premier des moyens révolutionnaires employés par les conjurés. Tout ce que la sagesse des notables pourrait suggérer à Louis XVI sera rejeté d'avance, car il faut aux comités que leurs tribuns viennent dans les états généraux discuter leurs droits contre le souverain pour les renverser ensuite. — Philippe les secourt de toutes ses forces et de son argent, s'unit aux magistrats factieux, à d'Espréménil encore plein des visions Martinistes, à Monsabré, à Freteau, à Sabatier, les plus ardents ennemis de la cour et à Le Pelletier de Saint-Fargeau, un des chefs du Temple qui doit bientôt voter la mort du roi. — Louis XVI hésite devant la demande formelle des états généraux, Philippe solde alors des émeutes; le faible Louis XVI cède, et Necker, qui a ruiné les finances de la France, est choisi pour diriger la convocation de ces états. — Il commence par donner la majorité aux tribuns en doublant les députés du tiers qui, arrivant en foule, se déclarent à eux seuls assemblée nationale. — En vain le clergé et la noblesse protestent, les conjurés l'emportent; mais il leur faut une force tirée du sein même du peuple qu'ils puissent diriger à leur gré ou pour ou contre lui, suivant qu'ils le verront ou docile ou rebelle à leurs voix, une force qui annule surtout celle du souverain.

Tout est prévu, l'armée est déjà prête dans le fond des Loges maçonniques, et leur grand organisateur sera leur grand chef secret, Savalette de Lange, qui se présente alors aux municipes parisiens : *Messieurs, leur dit-il, voici des citoyens que j'ai exercés à manier les armes pour la défense de la patrie ; je ne me suis point fait leur major ou leur général, nous sommes tous égaux, je suis simplement caporal, mais j'ai donné l'exemple, ordonnez que tous les citoyens le suivent, que la nation prenne les armes, et la liberté est invincible.*

Savalette, en tenant ce discours, présente sept ou huit insurgés équipés en soldats comme lui ; leur aspect et les cris répétés de — sauvons la patrie — excitent l'enthousiasme. — Un peuple immense entoure, en ce moment, les municipes ; la motion de Savalette est à l'instant changée en décret. — Le lendemain l'armée des gardes nationaux est formée, et bientôt les provinces en ont des milliers ; mais Louis XVI hésite encore à reconnaître la souveraineté du peuple ; il est donc temps qu'il éprouve la puissance des conjurés.

Ils organisent alors l'insurrection des 5 et 6 octobre. — Mirabeau, Péthion et Chapellier, Duprat, Charles Lameth, Laclos, Sillery, etc., préviennent l'assemblée qu'il faut au peuple des victimes et l'empêchent de se porter près du roi pour veiller à ses jours. — Ils organisent la lie de la populace que Philippe enivre jusqu'à la frénésie. — Ce jour qui éclaire le sang des soixante gardes-françaises, seule garde laissée autour du roi par le triste Lafayette, peut être regardé comme le dernier de la vieille monarchie française.

Les conjurés ne veulent pas perdre les fruits de cette terrible nuit, et ils emmènent alors le roi captif. — Louis XVI sous la main des révoltés, Lafayette proclamera l'insurrection le plus saint des devoirs et la mettra à l'ordre du jour. — Mirabeau, Chapellier et Barnave en fixeront l'heure et l'objet, et chaque jour le roi, le clergé, la noblesse, quand ils voudront s'opposer aux décrets du moment, se verront entourés d'une populace dont les conjurés dirigeront et les cris et les fureurs.

La royauté est à moitié abattue, il faut maintenant travailler l'Église et ses ministres, substituer aux autels de Jésus-Christ le culte du grand Architecte de l'univers, à l'Évangile la *Lumière* des loges. — Les vœux religieux sont donc abolis, les fonds de l'Église convertis en assignats, les vases sacrés pillés, l'or et l'argent des temples et jusqu'à l'airain sonnant convertis en lingots; mais, comme il reste encore la foi, Mirabeau déclare que, si la France n'est pas décatholisée, la révolution n'est pas consolidée. — Le peuple est donc institué souverain dans le sanctuaire, comme il l'est déjà auprès du trône. Tout vrai prêtre est banni, ceux de Nîmes et d'Avi-

gnon sont massacrés. — La constance et le courage
des autres fatiguent les conjurés qui les condamnent
à la déportation. — On les entasse donc dans les prisons, mais les insurgés sont aux portes armés de piques et de haches, et Danton et la commune ont
préparé les journées de septembre.

Le signal en est donné, et 14,000 victimes sont
immolées sans lasser leurs bourreaux. — Les conjurés invitent alors la France entière à les imiter,
et les commissaires parcourent les campagnes pour
avertir le peuple que l'esprit du décret déportateur
n'est pas l'exil, mais la mort!

Il n'y a donc plus de culte; mais Weischaupt a
dit « qu'il viendrait un jour où la raison serait le
seul code de l'homme. »

Hébert paraît alors avec ce code et des prêtresses
de Vénus, il fait l'image de sa divinité, de la Raison.
— Les jours sont alors effacés des calendriers, l'ordre
des années, des mois, des semaines est renversé, et
sur les tombeaux il n'est plus permis que d'inscrire
« que la mort est un sommeil éternel. »

Il reste encore quelques prêtres; qu'ils périssent
hachés sous la guillotine ou engloutis sous les eaux.
— C'est le règne des conjurés Hébert et Robespierre.
— Mirabeau, qui, lorsqu'il s'est vu dépassé et qu'il
a jugé qu'il ne serait plus maître du mouvement, a
transigé et s'est vendu, n'existe plus. — Le peuple
ne veut plus du culte de la Raison; Robespierre lui
donne alors pour un temps l'Être suprême, et La

Réveillère-Lepaux arrive enfin avec son culte théo-
philanthropique. — C'est la quatrième religion in-
ventée par la secte.

Ainsi se développent au grand jour toutes les
trames ourdies dans les conventicules secrets et tous
les vœux de leurs mystères, l'anéantissement du
christianisme et de ses ministres et la destruction du
trône et de la monarchie.

Louis, qui a cru trouver sa liberté dans sa fuite à
Varennes, maintenant plus captif que jamais, a été
réduit à chercher un asile dans le sein de l'assemblée
qui lui retire son titre de roi. Brissot, qui, dès 1780,
a écrit « que la propriété exclusive est un vol dans
la nature, » et qui est à la tête de la conjuration, est
arrivé à l'assemblée entouré de Péthion, de Buzot,
de Vergniaux, de Guadet, de Gensonné, de Lou-
vel, etc., et se félicitant de se voir appelé à remplir
le vœu qu'il avait fait, d'ériger la France en république. Bientôt, réunis en commission extraordinaire,
ils forment un comité secret sous le nom de Giron-
dins. — Brissot les préside et, pour hâter la révolution, appelle du midi la lie des Marseillais et or-
donne à ses commissaires de faire avancer vers Paris
les forçats de Brest. Les chefs Jacobins, Panis, Car-
rère, de Besse, Fournier, Westermann, Santerre,
Gorsas, Gallès de Langres, Kieulin de Strasbourg,
Antoine de Metz, etc., se joignent à lui. — Sieyès
lui amène son club de vingt-deux ; Marat, Prud-
homme, Melin, Alexandre, Chabot, etc., soulèvent

les faubourgs Saint-Antoine et Saint-Marceau, et
Philippe les seconde de son or et de son influence.
— Le tocsin sonne, et le 10 août arrive. — La seconde assemblée a consommé sa tâche; Louis XVI
est déclaré déchu de tous ses droits à la couronne et
passe du palais de la royauté à la prison du Temple.
— C'est là que la troisième assemblée viendra le
prendre pour le conduire à l'échafaud.

Les adeptes des sectes se disputent alors la gloire
d'avoir coopéré aux forfaits de cette horrible journée;
Brissot, Robespierre, Marat et Danton se disputent
le sceptre des Jacobins. — Louis XVI n'est plus roi,
la France est en république, et les sectes avancent
vers leur but; mais le roi existe encore. Place donc
à Robespierre qui s'avance suivi des bourreaux pour
accomplir l'œuvre bien prévue des sociétés secrètes,
car dans Louis XVI ce n'est pas l'homme, mais le
roi qu'ils veulent abattre, comme ils abattront la statue de Henri IV. Louis XVI n'a pas d'autre titre à
leur haine ; pendant un règne de dix-neuf ans, il
n'a pas signé la mort d'un seul homme, il a aboli
la corvée, les tributs onéreux, il a abandonné ses
droits féodaux sur ses domaines, il n'a aucun des
vices odieux et coûteux aux nations, il est com-
patissant, généreux. — Peine perdue! il fut roi,
et c'est à la royauté que se fait cette guerre de
Vandales. — Il montera à l'échafaud, et la fille des
Césars le suivra parce qu'elle était reine, madame
Élisabeth, parce qu'elle est fille de roi, sœur de roi;

et Philippe lui-même, Philippe qui a renié son Dieu, son nom, son rang et son père, qui a poussé l'infamie et la lâcheté jusqu'à ses dernières limites pour servir cette secte victorieuse, périra parce qu'il fut de la race des rois !

Le triomphe des idées poursuivies avec tant d'ardeur par tant d'esprits illustres et célèbres depuis soixante ans est donc complet, et qu'en est-il résulté ? — La guillotine est en permanence dans Paris. — *Ce sera un beau tapage*, a dit Voltaire, *et les jeunes gens qui verront cela seront bien heureux.* « *Le sang qui se répand était-il donc si pur,* » a dit Barnave. — Hélas ! qu'est devenue la fraternité des frères ?

Mais bientôt les royalistes et les prêtres ne suffiront plus aux bourreaux. — Dieu va venir alors donner au monde un spectacle de sa justice ; ceux qui ont conspiré contre la société, contre le trône et contre l'autel, vont conspirer les uns contre les autres. — Les déistes et les athées, qui ont égorgé les catholiques, vont s'entr'égorger les uns les autres. Les républicains chasseront les constitutionnels qui ont chassé les royalistes, et ils seront chassés par les démocrates fédérés que vont expulser les démocrates de la république une et indivisible. — La faction de la Montagne guillotinera celle de la Gironde. — Gensonné, Guadet, Fauchet, Rabaut, Duchesne, Ronsin, Vincent, Montmore, Danton, Desmoulins, Lacroix, Chabot, Bazire, Hérault, Westermann,

Fabre d'Églantine, Delaunai, Chaumette, Gobel, Anacharsis-Clootz, etc., le comédien Grammont, qui a conduit Marie-Antoinette au supplice, sont jugés par Fouquier-Tainville, qui est bientôt lui-même conduit au supplice avec ses quinze membres du tribunal révolutionnaire. — Bourbotte, Duquesnoi, Duroi, Goyon, Soubrané, Romme, Babœuf, Darthé, etc., le suivent bientôt. Péthion et Buzot périssent dans les forêts, errants et consumés par la faim. Perrin meurt dans les fers, Condorcet s'empoisonne, Valazé et Labat se poignardent, Marat est tué par Charlotte Corday. — Robespierre n'est plus ; il a disparu, guillotiné ainsi que ses fidèles Couthon, Saint-Just, Dumas, Vivier, Henriot, Lavalette, Lescot, Payan, Coffinhal, Gobau, Lebas, etc., et les soixante et onze membres de la commune de Paris.

Fouché, Rewbel, Carnot, Barras, La Réveillère-Lepaux et Letourneur vont venir alors chasser les députés, foudroyer les sections, les prendre dans leurs serres et faire peser sur elles un joug de fer. Tout tremblera devant eux, mais ils se craignent, se jalousent et s'exilent les uns les autres ; de nouveaux tyrans vont donc paraître. — Le silence de la Terreur régnera sur vingt-cinq millions d'esclaves tous muets, au nom de La Guyane, de Merlin, de Rewbel, etc. Telle est la position de ce peuple proclamé égal, libre et souverain, tel est le beau résultat du travail des sectes secrètes, tel est l'ouvrage des Illuminés, Francs-Maçons et autres.

Les sectes n'existent plus, les frères seront dix ans avant de pouvoir se réunir, les Loges sont désertes. — Des Martinistes, des Chevaliers bienfaisants, etc., plus de vestige. — Des Templiers, il en reste quatre, et encore l'un d'eux, Le Pelletier de Saint-Fargeau, périra bientôt sous les coups du garde Pâris.

Seul, le vrai peuple français se couvrira de gloire en immortalisant, par son héroïque courage contre l'étranger, les invincibles armées de la république!

ÉPILOGUE.

C'est ici que je m'arrêterai ; j'aurais pu poursuivre cette étude jusqu'à nos jours, mais mon but
n'est pas de soulever les passions ni de raconter les
manœuvres secrètes de beaucoup de gens vivant encore ou dont les familles seraient étonnées de voir
les noms mêlés à ces conventicules secrets. Notons
seulement que les sociétés éteintes un moment par
la manière habile dont Napoléon avait traité la Maçonnerie se réveillèrent un instant sous Oudet, pour
reprendre avec plus de force sous la Restauration,

où son action fut toute-puissante et prépara la révolution de 1830.

Elles existent encore à peu près toutes, de nouvelles se sont formées, d'autres se sont éteintes, et il est probable qu'il en sera toujours de même. Et cependant quelle nécessité? aucune. Si on comprend l'effort que fit autrefois, dans l'antiquité, la théocratie pour conserver dans ses mains le sceptre des lumières et le secret des sciences, tout a bien changé maintenant; la marche du temps, les connaissances des humains généralisées et la science accessible à tous ont modifié la société. — A quoi donc peuvent servir aujourd'hui des sociétés secrètes? Elles sont ou dangereuses ou inutiles, et alors dangereuses encore, car tout ce qui n'est pas utile nuit, et, dans ce cas, les élus regarderaient encore avec dédain leurs frères qui ne participent pas à leur lumière. Les unes étudient la nature, disent-elles. Sont-elles donc les seules qui étudient la nature? Et, d'ailleurs, quelles découvertes ont-elles jamais faites? Elles pratiquent la vertu : faut-il donc s'isoler pour la pratiquer? Non ! elles n'ont plus raison d'exister que pour des causes politiques pernicieuses, comme les Illuminés, les Carbonari. — Les Francs-Maçons se sont disputés depuis qu'on les connaît comme peu de souverains se sont disputé l'empire du monde et à quoi ont-ils servi? à être le point de mire de toutes les folies et de toutes les monstruosités : la cabale, la magie, la philosophie hermétique, le commerce avec

les esprits, le magnétisme, la théosophie, le déisme,
l'athéisme, la régénération physique et morale, la
vengeance, la destruction des empires, la république
universelle ; et, si nous retranchons ces folies,
que leur reste-t-il ? quelques honnêtes citoyens
jouant tristement à la Chapelle auteur du cercueil
d'Hiram.

Non ! de tout ce que nous avons vu et entendu
des rites et croyances de Zoroastre, des Empereurs
d'Orient, des Philalèthes, des Réformés, des sublimes
Maîtres de l'anneau lumineux, de la stricte Observance, des Égyptiens, des Illuminés, des Misrais-
tes, des Carbonari, des Philadelphes, des Souf-
frants, des Chercheurs, des Niveleurs, des Indépendants, du régime philosophique, du rite suédois,
des Maçons éclectiques, écossais, cabalistiques,
hermétiques, des Princes de la mort, des Sectaires de
Zinnendorf, de Saint-Martin, de Swedenborg, des
Invisibles, des Élus-Coëns, des frères Noirs, des Maçons du Désert, Noachites, etc., il résulte

Que les conceptions les plus folles, les agrégations les plus monstrueuses, les légendes les
plus absurdes, les plus opposées à la vérité de
l'histoire, les systèmes les plus extravagants, les
principes les plus immoraux, les plus dangereux
pour le repos et la conservation des États, ont également été avancés, formés, employés le plus souvent pour éblouir le néophyte et lui faire soupçon-
ner de grands mystères, mettre à contribution la

faiblesse de l'homme, en lui faisant espérer des résultats merveilleux ou pour des motifs encore moins louables, et jamais pour faire germer une vérité utile ou préparer une découverte importante ;

Qu'il n'y a d'ancien que les trois premiers grades de la Franc-Maçonnerie, apprenti, compagnon et maître, qu'on a toujours pris pour base de toutes ces monstruosités ;

Que ces trois grades anciens de la maîtrise, qui sont égyptiens, assyriens, juifs, etc., sont de vieux restes du paganisme transmis à travers les âges, tantôt ne servant que pour le compagnonnage et tantôt s'efforçant de perpétuer le vieux matérialisme en concluant pour mystère à la connaissance de la nature par la génération universelle des êtres ; que le but secret de presque toutes ces sociétés secrètes, Franc-Maçonnique, Templiers, Rose-Croix, etc., est de prouver

Que les disciples de J. C. ont entouré sa naissance, sa vie et sa mort de miracles qui n'avaient pas eu lieu, et les ont défigurées sous des apparences solaires; *que la doctrine du Christ qui a résumé et formulé toutes les vérités acquises à son époque* est la même que celle des Israélites, la même que celle des Hiérophantes de l'Égypte, la même, enfin, que celle des Gymnosophistes de l'Inde ; *en un mot, que la religion chrétienne est sortie des mystères de l'initiation, et que la création, les dieux, les anges, les événements, les dogmes, les cérémonies tels que nous les re-*

tracent les livres saints, ne sont que des réminis-
cences plus ou moins heureuses des anciens dieux,
dogmes et cérémonies des Brahmes, des Mages, des
Égyptiens, etc.

PIÈCES JUSTIFICATIVES.

PALINGÉNÉSIES DES MYSTÈRES (1).

(Manuscrit n° 1 du prince de Hesse.)

Résultats et *conjectures* tirés de notices appuyées par des faits historiques.

1° Mystères des *Prêtres égyptiens;*
—   *Eleusiniens* des *Grecs;*
—   de *Mythras* des *Perses:*

Ils étaient d'une tendance en partie politique, en partie religieuse; ils étaient indépendants les uns des autres, et tous naissaient de sources originaires, quoique leurs cérémonies se ressemblent souvent.

2° Mystères de *Pythagore* à *Croton :*

D'une tendance religieuse et scientifique, mais principalement politique ; ils n'étaient pas une *continuation* des premiers susdits, mais une *imitation.*

3° Mystères des *Hébreux :*

Imitation de ceux des Égyptiens et d'une tendance religieuse et politique.

---

(1) Les fautes de français sont reproduites comme dans les manuscrits.

4° Mystères des *Esséniens* :

D'une tendance religieuse et scientifique, formée de la doctrine hébraïque, pythagorique et platonique.

5° Mystères du *Règne céleste* :

Fondés par un Essénien, *Jésus*, et formés des mystères esséniens ; d'une tendance religieuse et morale.

6° Mystères des *Gnostiques* :

Seulement religieux, formés des deux précédents, avec application de la philosophie pythagorique et platonique.

7° Mystères des *Manichéens* :

Religieux et scientifiques, formés des mystères des Gnostiques et de Mythras.

8° Mystères des *Prisciliens* :

D'une tendance religieuse, formés des mystères des Gnostiques et Manichéens.

9° Mystères des *Pélasgiens* :

D'une tendance religieuse, formés des mêmes mystères.

10° Mystères des *Templiers* :

Primitivement d'une tendance religieuse, mais plus tard politique ; formés des mystères des Gnostiques, Manichéens et Pélasgiens.

11° Mystères des *Vaudois* :

D'une tendance religieuse et politique ; formés des Gnostiques, Manichéens et Pélasgiens.

12° Mystères de la *Corporation des Maçons libres (Privilégiés)* de 1208 = 1591 :

Cette corporation gardait en secret sa confraternité, ses connaissances géométriques, architectoniques et mécaniques du métier. — D'une tendance scientifique.

13° Mystères des *Beguins* et *Beguardes* :

D'une tendance religieuse fanatique.

14° Mystères des *Libertins* :

Fondés par *Quintin Piccard* ; d'une tendance religieuse.

15° Mystères des *Jésuites* :

D'une tendance religieuse et politique, imités d'après les mystères des *Templiers*.

16° Mystères des *Maîtres hermétiques*, 1591 :

D'une tendance scientifique.

17° Mystères des *Francs-Maçons*, 1648 :

D'une tendance politique.

18° Mystères de la *Franc-Maçonnerie*, 1685 :

Servaient de manteau pour le Katholicisme, le Jésuitisme.

19° Mystères des *Rose-Croix*, 1714 :

D'une tendance politique, et les Jésuites s'en servaient.

20° Mystères de la *Franc-Maçonnerie*, 1717 :

Réformés et purifiés en Angleterre de toute tendance politique.

21° Mystères de la *Franc-Maçonnerie* en France et autres pays, 1700 = 1750 :

Servent d'allusion, dans les hauts grades, à l'ordre des Templiers.

22° Mystères de la *Franc-Maçonnerie*, 1750=1760 .

Servent à montrer plus ouvertement l'ordre des Templiers, qui n'était qu'un hiéroglyphe du Jésuitisme.

23° Mystères de la *Franc-Maçonnerie*, 1760=1777 :

Sont le manteau des émissaires des Jésuites, comme *Johnson*, *Gugomos*, *Schropfer*, *Stark*, etc.

24° Mystères de la *Franc-Maçonnerie*, circa 1777 :

Sont le manteau des *Rose-Croix d'or*, des *Illuminés* et des *Frères de l'Asie*, avec leurs promesses alchimiques, magiques, théosophiques, politiques, pieuses et lucratives, suivant la susceptibilité des crédules.

C'est avec le soi-disant *Ordre intérieur du Temple de Jérusalem*, tel qu'il s'était conservé depuis 1760, que les Jésuites désiraient principalement de parvenir à leur but. Mais la septième Province (l'Allemagne septentrionale, suivant la stricte Observance) n'étant habitée que par des Protestants, ne voulait pas se soumettre à l'obéissance aveugle; aussi d'autres provinces suivaient cet exemple, et les Jésuites se voyaient forcés de se cacher encore; mais ils tâchaient, au convent de *Wilhelmsbad* 1783, de faire paraître tous les systèmes comme chancelants et sans fond. Le Stein des Anstoßes, etc., Ueber den Zweck der Freimaurerey, ont coulé de leur plume, dans lesquels ils tâchaient de mettre en discrédit, pas directement la Franc-Maçonnerie même, mais bien ces systèmes qui les contrariaient. *Stark* (auteur des deux ouvrages nommés) fait aussi entendre, dans son *Apologie de la Franc-Maçonnerie*, quelle société qu'il intentionne. Ils voulaient donc renverser les loges pour faire valoir d'autant plus leur Maçonnerie. Cette lutte entre la vraie Franc-Maçonnerie et le Jésuitisme ne finissait qu'avec le commencement de la révolution française.

Presque dans tous les systèmes maçonniques, paraît la tendance des hauts grades comme vraie orthodoxe et pieuse, et les derniers éclaircissements ne sont que des expositions symboliques du système de l'Église catholique, ce qui est prouvé surtout par le baptême, l'onction et les agapes qu'on y célèbre.

Fessler démontre historiquement dans son Verſuch einer kritiſchen Geſchichte der Freimaurerey und ihrer Brüderſchaſr, un manuscrit en 5 volumes in-8.

PREMIÈRE ÉPOQUE.

Que du viie jusqu'au xie siècle la haute architecture fut exercée et enseignée exclusivement par des moines. Les souverains de la France, de l'Allemagne et de l'Angleterre faisaient venir d'Italie des moines pour élever des églises, cloîtres et d'autres grands édifices. Ces moines se réunissaient en corporations, obtenaient certains priviléges et libertés des princes, de sorte qu'on peut regarder, *à cet égard*, la société d'*architectures libres* comme très-ancienne. Pour se procurer des ouvriers nécessaires et utiles, les moines établissaient des *confréries* (ou réunions) qui, suivant le quinzième Chapitre du Concile de Nantes, en 893, étaient déjà en usage en *France* et en *Angleterre* dans le ixe siècle. On dit que la *première*, en *Allemagne*, fut celle de *Saint-Voit* (ou *Saint-Guy*), fondée, en 1084, par *Marquard*, abbé de *Corverf*, et par laquelle il gagna beaucoup de bons ouvriers pour bâtir la cathédrale.

DEUXIÈME ÉPOQUE.

Que, quoique les moines, dans le xiie, xiiie et xive siècle, s'occupaient encore de la haute architecture, elle fut déjà aussi exercée par des lais, qui, dans cette époque, se réunissaient en corporations d'architectes, qui voyageaient d'un pays à l'autre, qui recevaient des papes des lettres d'indulgence et des souverains des priviléges et même des tribunaux indépendants. Mais, même alors où l'organisation des métiers avait déjà fait des progrès, ils n'en faisaient pas encore une communauté (ou corps de métier), n'avaient pas encore un séjour stable et privilégié, mais voyageaient d'un pays et d'une ville à l'autre comme *architectes libres*.

Parmi ces corporations il y en avait aussi une de *Hugues de Libergier*, sous la maîtrise duquel fut bâtie, en 1229, l'église de *Saint-Nicaise*. Lui-même il est enterré à l'entrée de l'église; sur la tombe est sculpté son portrait, tenant d'une main le modèle d'une église, dans l'autre l'équerre et le compas.

On avait alors trois différents mots latins pour désigner e Maître-Architecte et la bâtisse : *Cementarius, Latomus*,

Massonerius, *Massoneria* (ce mot signifiait un bâtiment, voyez dans le *Bullario fontenellæ*).

L'architecte *Philippe Gross* cite une pareille société d'architecture en Allemagne; de même *Joseph Fürstenbach* des bâtiments à *Ulm;* de même *Eroin de Steinbach* qui posait les fondements du *Münster* à *Strasbourg*, auquel on travailla cent soixante-quatre années, de 1275 à 1439. Il fut succédé par *Hinz de Cologne*. — Pour y attirer des architectes habiles on y établissait un corps de métier ou *corporation libre de maçons;* c'est-à-dire on donnait à la société des maçons un tribunal particulier et indépendant, comme c'était déjà l'usage en Angleterre, en France et en Italie. A côté de la cathédrale avait la Société sa *Grande-Loge* (loge vient des mots *Logium*, *logia* (1) et avait des statuts qu'elle gardait en secret. — Cette corporation à *Strasbourg* était, quelque temps après, le premier appui, ou Grande–Loge des autres loges subordonnées en Allemagne et en Hongrie, et commença, en 1552, à exercer une juridiction très-étendue dans ce pays.

Ces sociétés de maçons, qui voyageaient avec leurs priviléges primitivement de l'Italie dans les autres pays, introduisaient aussi les habitants. Ils étaient les Maîtres-Surveillants sous lesquels travaillaient les ouvriers du pays, qui n'étaient pas assez instruits. Il y en avait, parmi les derniers, qui devinrent après maîtres, recevaient les mêmes libertés et se joignaient aux corporations établies sous le nom de *Maçons acceptés*. Des rois et princes acceptèrent quelquefois la direction des corporations maçonniques, ou y nommèrent des grands de leur cour.

Par un arrêté de la Diète allemande à *Ratisbonne*, du 16 mars 1707, fut défendue la relation de toutes les loges allemandes avec la Grande–Loge à *Strasbourg*, et les diffé-

____

(1) Voyez le *Glossarium* par Lange, le mot *logia*.

rends des maçons furent, depuis, renvoyés aux tribunaux civils et locaux, et par là cessa, en Allemagne, la corporation des architectes libres (privilégiés).

TROISIÈME ÉPOQUE.

Ces primitives corporations d'architectes ambulants, ou maçons libres, avaient leurs secrets de métier et leurs principes doctrinals, qu'ils avaient appris des moines dont ils étaient les disciples et des communautés antagonistes de l'église, avec lesquelles ils avaient fait connaissance dans leurs voyages ; ils faisaient un grand secret de cette doctrine, parce qu'ils étaient forcés d'être très-circonspects par rapport de leur art et leur métier.

Pour appui sont cités *deux Documents* :

a. Le soi-disant *Examen maçonnique des temps de Henry* VI (1425-1426) ;

b. Le plus ancien *Rituel anglais*, rédigé dans cette forme entre 1450-1536, suivi jusqu'en 1717, et encore en usage dans les loges anciennes anglaises.

D'après le dernier de ces documents, la doctrine secrète consistait dans « *l'art de devenir meilleur et plus parfait sans l'aide de la crainte ou de l'espérance.* »

On reconnaissait, d'après ce rituel, *trois Grandes Lumières* :

a. La *Bible* (symbole de la *croyance*) ;

b. Le *Compas* (symbole de la *justice*) ;

c. L'*Équerre* (symbole de la *loi morale*).

QUATRIÈME ÉPOQUE.

Mais comme, à la fin du xve siècle et au commencement du xvie, beaucoup de ce que les maçons libres avaient ca-

ché fut découvert, perfectionné et généralement connu
par les progrès rapides des sciences et des arts, les secrets
de métier ne pouvaient plus être le lien qui réunissait jusque-
là cette fraternité. — Comme elle perdait, en outre, par la
meilleure organisation des corps de métiers et de la juridiction publique leurs priviléges et leur juridiction particulière, les maçons cessaient de voyager dans les pays et se
fixaient principalement en *Angleterre* comme corporations
séparées, dont cependant plusieurs se fixaient, même comme
corps de métiers, dans les villes. *Ceux-ci* devenaient des
maçons tous ordinaires, mais *les autres* continuaient leur
confraternité secrète et intime, adoptaient, dans leur doctrine secrète, *un autre but et tendance,* et recevaient parmi
eux, quoique toujours des maçons pratiques, aussi des personnes d'autres professions ou états, de sorte que la confraternité des Francs-Maçons en 1650 était moins une *corporation d'architectes pratiques* qu'une *Confraternité morale.*

CINQUIÈME ÉPOQUE.

Après la décollation de *Charles* Ier, les chefs de la confraternité oubliaient le but et la nature et tendance morale de
la Franc-Maçonnerie; ils se réunissaient plus intimement
pour un *but politique,* formant, par l'institution des grades
de compagnon et maître, un comité secret, pour y parvenir
plus sûrement, où tantôt le parti épiscopal, tantôt le parti
secret du catholicisme, les soutenaient de toutes leurs forces.
— Le but fut obtenu en 1660, et la Franc-Maçonnerie con-
tinuée, mais ni comme un art moral, ni comme un prétexte d'un but politique, mais bien comme une réunion
d'artistes et de savants, jusqu'à ce que les chefs furent ré-
duits une seconde fois (en 1688), par les circonstances, de
substituer à la Franc-Maconnerie un but étranger.

Les Francs-Maçons du temps où *Charles* Ier fut décapité,
et qui avaient à leur tête *Elie Ashmote, Christophe Wren* et
encore quelques autres grands, avaient l'intention de mettre
Charles II sur le trône. Le grade de *Compagnon* n'était
qu'un *degré d'épreuve*, et dans le grade de *Maître* on se servait de symboles qui n'avaient *rien de commun avec la Franc-
Maçonnerie*, mais servaient d'allusion secrète au but politique
qu'on s'était proposé. Le maître tué était *Charles* Ier, on
donnait espérance de le venger, le mot perdu était son fils.
Les deux colonnes furent introduites, peut-être relativement
au livre laissé par *Charles* Ier, ou au moins publiées sous son
nom d'*Icon Basilicon;* plusieurs historiens attribuent à cet
ouvrage la restauration de la famille royale (1). On intro-
duisait le mot de maître *Machbone* (*Macha* veut dire en irlandais *un champ de bataille*, et *bon la fin;* ce mot signifie
donc *la lutte terminée*); dans d'autres loges le mot de maître
est *Mak-Benach* ou *fils du repos*, car Mak veut dire en écossais *fils*, et *Benach* dérive d'un mot hébreu signifiant
repos.

Les Jésuites contribuèrent beaucoup aux progrès du but
secret de la Franc-Maçonnerie. — Déjà sous *Jacques* Ier plusieurs Jésuites avaient, même avec le consentement du pape,
passé publiquement à la secte presbytérienne pour pouvoir
servir la cause papale plus secrètement; ils avaient, en
outre, de fortes raisons d'effectuer la restauration de
Charles II, sachant qu'il avait fait sa confession catholique
à *Cologne* au cardinal *de Retz* pendant son émigration en
Allemagne. Ce but secret de la Franc-Maçonnerie de ce
temps fut obtenu le 29 mai 1660 par la restauration de
Charles II; lui-même a été reçu Franc-Maçon pendant son
émigration.

(1) Dans la première année après la mort de Charles Ier, il s'en épuisa
cinquante éditions. (Voyez l'*Histoire d'Angleterre et de la maison des
Stuarts*, Hume, t. Ier.)

Charles II mourut en 1685. Son frère et successeur *Jacques* II publia que son frère était mort comme catholique, et commença d'introduire à la cour le culte catholique et d'opprimer les protestants.

En 1688 il se formait deux factions opposées entre les loges, savoir le parti *écossais*, qui était pour les vues et la restauration de *Jacques* II, et le parti *anglais*, qui travaillait pour l'avénement de *Guillaume, prince d'Orange*, à ce trône. Ce prince débarqua le 5 novembre 1668, *Jacques* se réfugia en France le 23 décembre. En 1689 fut *Guillaume* proclamé roi d'Angleterre sous le nom de *Guillaume* III.

SIXIÈME ÉPOQUE.

Les partisans de *Jacques* II, en Écosse, établirent en quelques endroits d'Angleterre et aussi à Paris (où *Jacques* s'était réfugié) des Loges à leur but, sous des formes nouvelles et particulières. Quoiqu'ils n'obtinrent jamais ce but, ils posèrent néanmoins par là le fond de la confusion qui régnait plus tard parmi les Francs-Maçons en France, en Allemagne et en Hollande.

Jacques II étant encore *duc d'York*, s'était déjà publiquement déclaré pour la religion catholique. Il était forcé de quitter l'Angleterre, et fut exclu de la succession au trône. Il allait en Écosse, où il avait tous les catholiques de son côté, et c'est dans cette époque que se trouve l'origine de l'Ordre écossais des *Chevaliers de Saint-André du Chardon*, qui fut donné *en place* du grade de Maître, lequel grade avait perdu son application après la décollation de *Charles* Ier. Sous le voile de ce grade de *Saint-André du Chardon* rassemblait *Jacques*, ses partisans, et étant remonté au trône, il avait l'intention de donner à cet Ordre une existence publique; mais les troubles et sa fuite l'en empêchaient. Comme il s'était réfugié en France, la plus grande partie de ses adhérents le suivait pour travailler sous le voile de la Franc-Maçonnerie écossaise, non-seulement à sa restauration, mais aussi au rétablissement de la hiérarchie en Angleterre, suivant un plan étendu disposé par les Jésuites.

La *terre de promission*, dont il est question dans le 4e grade, signifie la *Bretagne*, *Jérusalem*, *Londres*, roi *Keneth* II, *Jacques* II. Dans les trois coupes trouvées, il y *avait un J* dans l'une, un *G* dans l'autre, et un cercle ou *O* dans la troisième. (Sous ces trois signes entendaient les Juifs les trois premières matières de l'univers et de toute chose.) *Ces trois lettres* signifient : ou *Jesuitæ gubernant ordinem*, ou *Jacobus Generator ordinis*.

L'*Écosse* fut nommée la *France*; *Edimbourg*, le *Collége* des Jésuites *de Clermont à Saint-Germain-en-Laye*. (Ce collége reçut, dans la fabrication du chapitre de Clermont, le nom de *Mont d'Heredom*.)

La *corde d'honneur d'Hiram* est une allusion à la corde que les Jésuites étaient forcés, par *Henri* IV, de porter, laquelle marque humiliante ils tâchaient de changer en une marque d'honneur. Cependant, comme, malgré tout, les efforts de *la France* et de *Jacques* II, contre l'Angleterre et *Guillaume* III, étaient sans succès, *Jacques* se retirait entièrement dans la Franc-Maçonnerie.

SEPTIÈME ÉPOQUE.

Pendant tout ce temps, quoiqu'on négligeait beaucoup les intérêts de la *vraie* Franc-Maçonnerie, la grande partie des Loges en *Angleterre* se tenait éloignée de *cette Franc-Maçonnerie de la France*, jusqu'à ce qu'en 1717, 4 Loges à Londres se réunissaient (sans en donner quelque connaissance aux autres anciennes Loges en Angleterre, et surtout à celle *à York*, qui était la plus ancienne), pour rétablir et pour organiser une grande Maîtrise, et pour introduire une meilleure tendance. Cette entreprise fut terminée en 1723, où les *Constitutions d'Anderson* furent publiées par l'impression. C'est l'époque où les Francs-Maçons commencent d'être une société organisée et publiquement reconnue, quoique partagée en deux branches, dans l'ancienne anglaise et la moderne anglaise, dont la dernière propageait la Franc-Maconnerie par sa grande Loge à Londres, successivement dans tous les pays.

Le but de la Franc-Maçonnerie fut dès lors uniquement *de former une société morale* dans laquelle il y avait encore d'anciens Maçons ; mais ce nombre se diminuait de plus en plus, et il n'en restait à la société que l'extérieur.

Depuis *ce temps* jusqu'à nos jours il y avait en Angleterre des Loges anciennes-anglaises et modernes-anglaises, et d'autres factions maçonniques qui tantôt se faisaient la guerre, tantôt se rapprochaient. C'est dans cet esprit que la Franc-Maçonnerie se conservait et se répandait en 1732 en France, en 1735 en Allemagne. Les Français y ajoutaient des cérémonies amusantes, qui cependant perdaient aussi bientôt leurs intérêts auprès d'eux, et ils commençaient de chercher dans la Franc-Maçonnerie des secrets. Des frères (reçus *chevaliers du Chardon* sous *Jacques* II, ou du Prétendant), croyaient d'en pouvoir tirer profit, et espéraient, quoique leur but politique de *ces temps* avait cessé, de l'obtenir pour le *Prétendant*, et par celui pour les Jésuites. Ce parti se rapprochait donc des Loges, qui furent dirigées depuis par les Jésuites, par le moyen de flatter la soif des mystères.

Le ressort principal de cette nouvelle intrigue était *Ramsay*, ci-devant instituteur du fils aîné d'*Edouard*, le prétendant, ou *Jacques* III.

Les cérémonies catholiques, inconnues dans l'ancienne Franc-Maçonnerie, y ont été ajoutées entre 1735 et 1740, et données dans le *grand Chapitre de Clermont* comme les hauts grades de l'ordre, et imitant l'ordre de Saint-André du Chardon.

Ce *Chapitre de Clermont* consistait de trois grades :

1° Les Chevaliers de l'Aigle, ou Maîtres élus;

2°   —   illustres, ou Templiers;

3°   —   sublimes.

Le catholicisme et le jésuitisme y respirent partout et se manifestent surtout dans les grades de *Maître élu, Chevalier de l'Aigle;* on y reçoit de plus le candidat dans une Loge, mais dans la ville de Jérusalem ; *Salomon* est le chiffre pour *Jacques Lainez,* le deuxième général des Jésuites, qui institue les statuts et grades secrets dans l'ordre des Jésuites ; *Dieu,* pour *général des Jésuites;* la *Terre,* pour le *Monde profané;* le *Ciel,* pour la *Société des Jésuites,* etc.

Les assemblées ne s'appellent plus *Loges,* mais *Capitula canonicorum;* l'action de boire n'est plus nommée *tirer,* mais *elevatio poculi hilaritatis et sanitatis;* le verre n'est plus un *canon,* mais un *poculum;* la *poudre* est changée en *nectar vini;* la Loge de banquet, *in Refectorium,* etc. Enfin, toutes les cérémonies *maçonniques* y cessent, et ce sont les *Canonici Jerusalemitani* régnant dans leur palais.

Canonici Jerusalemitani vent dire *Coadjutores Jesuitarum.*

La *réception,* dans ce grade, est nommée *consecratio.*

Le *signe* est de lever les deux mains vers le ciel.

Le *mot* est *Sedokin,* mot hébreu qui signifie un homme plein de zèle.

Les *Chevaliers de l'Aigle* n'ont point de tabliers, mais un cordon noir auquel pend un poignard.

Chevaliers illustres, ou Templiers.

Dans ce grade est dit au néophyte que le premier assassin de *Hiram* (du papisme des Jésuites) nommé *Abiram*, était découvert et puni, que Salomon avait aussi fait apporter la tête tranchée du second assassin qui avait déjà commencé à pourrir, et que cela eût été fait par un maître courageux. (Ce second ennemi et assassin est le clergé des prêtres séculiers et réguliers qui s'oppose toujours à la plus grande extension de l'ordre des Jésuites.)

Le troisième assassin, qui avait fait un si grand tort à la puissance des Jésuites, disait-on dans la réception, était déjà puni. Ce fut la Grande-Bretagne que les Jésuites avaient séduite, de sorte que les Bretons devaient souffrir, après avoir chassé *Jacques* II, d'être gouvernés par un prince étranger.

Le *signe* et *attouchement* est le même du grade précédent.

Le *mot de demande* est *Muccin*, la réponse *Muharez* ou *Zaeroam* ; le *mot sacré* est *Jehovah Adonaï*.

Chevaliers sublimes.

Tous les trois grades de ce grand Chapitre de Clermont étaient des allégories aux trois emplois principaux des *Jésuites* tant qu'ils pouvaient être exercés par des lois ou par des amis agrégés. Les *Chevaliers de l'Aigle* signifient les missionnaires, les *Chevaliers illustres* les provinciales, les *Chevaliers sublimes* assistants du Général *Columna societatis*.

Les grades inférieurs de la Franc-Maçonnerie signifiaient :

L'Apprenti, le *Temporalis ;*

Le Compagnon, le *Scholasticus ;*

Le Maître, le *Coadjutor spiritualis;*

Le Maître écossais, le *Professus quatuor votorum.*

Dans la réception de *Chevaliers sublimes* on lit au candidat les deux derniers chapitres de l'Apocalypse, dans lesquels on trouve l'idéal de la monarchie universelle que les Jésuites avaient projetée.

Les treize lumières signifiaient :

1° Les douze anges sur les douze trônes de la nouvelle Jérusalem, et la treizième lumière la gloire lumineuse du Seigneur dans la nouvelle Jérusalem ;

2° La grande assemblée régnante des apôtres avec le roi de la gloire.

N. B. Le général des Jésuites avait douze assistants qui lui rapportaient tout ce qui se passait dans les provinces de l'Europe.

A la fin des tenues est prononcé ou chanté le *Gloria in excelsis Deo.*

L'institution de ce grand Chapitre de Clermont, qui représentait l'histoire de l'ordre des Jésuites et qui enseignait ses espérances sur une monarchie universelle, fut attribuée au grand maître le *prince de Clermont;* mais dans le temps qu'on le nommait grand maître (1748) on avait déjà des raisons de l'envelopper dans un plus grand mystère et d'y substituer le *Chevalier d'Orient* et le Prince de Jérusalem ou Rose-Croix. Le grand Chapitre de Clermont existait donc longtemps avant que ce prince fût grand maître et avait pour fondateurs les pères du collége des Jésuites de Clermont, à Saint-Germain-en-Laye, où le prétendant séjournait avec ses adhérents.

En 1742 venait le baron *de Hund* à Paris, y changea de religion, et fut initié dans les hauts grades par un *supérieur inconnu (a rubra penna).* Il introduisit après, en Allemagne, ce système des Templiers, à quoi M. *de Marschall* lui avait déjà frayé le chemin, qui peu avant lui avait été initié, de même à Paris, dans la haute Franc-Maçonnerie, et qui avait déjà installé deux Loges de ce système en Thuringe.

Après qu'en 1744 les essais d'une descente de *Charles-Édouard*, fils du Prétendant, ne réussissaient pas, et son invasion en Écosse, en 1745, n'avait pas un meilleur succès, et il était obligé de retourner en France, et après que le grand Maître écossais, comte *de Kilmarck*, fut publiquement exécuté à Londres, en 1746, comme rebelle, le grand chapitre de Clermont s'affaiblissait beaucoup, et le zèle des frères écossais se refroidissait par les entreprises manquées, de sorte qu'on arrêta que le petit nombre de quatre membres écossais rendrait désormais une Loge écossaise complète.

Pendant ce temps, la Franc-Maçonnerie s'était répandue en Allemagne. *Frédéric* II, après qu'il fut venu au trône, installa aussitôt à Berlin la Loge des *Trois-Globes*, qui, en 1748, avait déjà établi dans l'Allemagne 14 filles Loges.

Mais ce n'était qu'au commencement de la guerre de sept ans que la lumière glorifiée devait luire aux Loges allemandes, où le prisonnier de guerre, le marquis *de Lernay*, apportait à Berlin, non-seulement une quantité de grades nouvellement fabriqués, mais aussi les actes complets du grand Chapitre de Clermont, et y établissait, avec le baron *de Prinzen*, un chapitre auprès de la Loge des Trois-Globes.

Roza, un prêtre luthérien destitué, l'enrichissait d'additions alchimiques, cosmologiques et théosophiques ; il parcourut presque toute l'Allemagne pour reformer les Loges, établir des chapitres, et pour subordonner, où il le serait possible, les unes et les autres à la grande Loge des *Trois-Globes*. C'est de cette manière qu'il fut établi, d'après le système de Clermont-Roza, des Loges à Dresden, Brunswick, Hambourg, et qu'il fut ouvert un vaste champ à la manie des mystères.

Les Jésuites tiraient encore de ces circonstances leur profit durant cette guerre, et répandaient différents grades, par leurs agrégés, parmi les officiers français, et principalement par les aumôniers des régiments.

L'échelle usitée de ces grades, après la maîtrise, était : 4, *Maître élu;* 5, *Maître écossais,* ou *Chevalier de Saint-André;* 6, *Chevalier d'Orient;* 7, *Chevalier Rose-Croix,* ou *Prince de Jérusalem;* 8, *Chevalier de la Triple-Croix.*

La différence de leur tendance avec celle du grand chapitre de Clermont consiste en ce qu'ils montaient toujours de plus en plus cette manie des secrets et mystères, alors si dominants, et qu'ils détournaient l'attention des cérémonies vrai-catholiques auxquelles on se devait soumettre, en faisant entrevoir de hautes sciences, pour y habituer peu à peu les Protestants.

LE SYSTÈME DE LA STRICTE OBSERVANCE.

(N° 5 des manuscrits du prince de Hesse.)

———

Ce système était connu en Allemagne plus tôt que le chapitre de Clermont, car, quoique le baron *de Hund*, seigneur
d'Alten-Grottkau et Lipse, fût déjà reçu dans l'ordre supérieur à Paris, en 1743, il trouvait pourtant à son retour un
prédécesseur dans le baron *de Marschall*, auquel il était
même adressé.

Le système a six grades, savoir :

1, 2, 3, les trois premiers *grades symboliques ;*

4, le *Maître écossais ;*

5, le *Novice ;*

6, le *Templier.*

Entre 1763 et 1770, le baron *de Hund* ajouta encore un
7ᵉ grade, l'*Equitem professum.*

Et plus tard il s'y joignit encore la branche des clercs,
laquelle cultivait la magie naturelle et divine, la chimie et
l'alchimie.

La partie historique de ce système se borne à la continuation secrète de l'ordre des Templiers, et voilà son
histoire qu'il communique :

« Dans l'année 1303, deux chevaliers de l'Ordre, *Noffodie*
« et *Squin Florian*, furent punis pour leurs crimes, et le

« dernier perdit sa commanderie de *Montfaucon*. Ils de-
« mandèrent du grand Maître provincial, à *Monte Carmel*,
« de nouvelles commanderies, et comme il les leur refusa,
« ils l'assassinèrent à sa campagne près de *Milan*, et ca-
« chèrent son corps dans le jardin, sous des arbrisseaux. Ils
« se réfugièrent à *Paris* et accusèrent l'Ordre des crimes les
« plus horribles, ce qui entraîna la perte de l'Ordre, où le
« le grand Maître de l'Ordre fut brûlé.

« Le grand Maître provincial de l'Auvergne, *Pierre d'Au-*
« *mont*, s'enfuia avec deux commandeurs et cinq chevaliers,
« et pour ne pas être reconnus, ils se déguisèrent en ma-
« çons, changèrent leurs noms et se nommèrent *Mabeignac*
« (c'est de là que dérive le mot de Maître *Mac-Benac*). Ils
« vinrent sur l'île écossaise *Mull*, où ils trouvèrent le grand
« Commandeur d'*Hamptoncourt*, *Georges Hasris*, avec plu-
« sieurs autres frères, et résolurent d'y continuer l'ordre.

« Ils tinrent aussi, au jour de Saint-Jean 1312, un cha-
« pitre, et Clermont fut nommé grand Maître. — Pour se
« soustraire aux persécutions, ils adoptèrent des signes et
« mots à la manière des maçons, et se nommèrent maçons
« libres et acceptés, parce que, par ce moyen, ils s'étaient
« mis en liberté et avaient accepté d'autres usages. En 1361
« la résidence du grand Maître fut transportée à *Aberdeen*,
« et c'est de cette manière que l'ordre a été successivement
« conservé et répandu dans l'Italie, la France et dans l'Al-
« lemagne. »

La province de la Basse-Saxe a été renouvelée par le
grand Maître *a Sole aureo*, qui est installé par le chapitre à
Aberdeen en 1745; le grand prieuré a été remis à *Kester de
Sprengeisen* en 1750.

Le catéchisme du 4ᵉ grade ou *Grade écossais* contient
entre autres :

D. Combien de symboles présente-t-on à un Maître
écossais ?

R. Quatre : le Lion, le Renard, le Singe et l'Épervier.

D. Expliquez-les ?

R. Un Écossais doit ajouter aux qualités d'un Maître : le cœur d'un lion, la finesse d'un renard, l'esprit d'un singe et la vitesse d'un épervier.

Le tableau est dessiné en blanc sur un fond vert; au coin on trouve les quatre bêtes indiquées; au milieu est représenté un cercueil surmonté d'une étoile à huit rayons.

Le système enseigne que ce grade signifie le rétablissement de l'ordre des Templiers par *Aumont* sur l'île écossaise de *Mull*, ce qui n'est cependant qu'une allusion au rétablissement de la hiérarchie.

Dans le 5ᵉ grade, celui de *Novice*, on faisait la réception en place de *Grand Maître provincial*, celle de *Prieur* ou *Commandeur*, qui était en même temps le chef du diocèse. Il avait le titre de supérieur; il occupait, pendant les réceptions, un fauteuil surmonté des armes du grand Maître.

Pendant les réceptions, on éteignait toutes les lumières et allumait une seule lampe, et le semeur disait : « Je fais « cela en mémoire de ceux qui ont été et qui ne sont plus. » Après que le néophyte avait prêté son serment, on rallumait trois lumières avec ces mots : « Je fais ceci en mémoire « de ceux qui ont été, qui n'étaient plus, et qui sont de « nouveau. »

Le néophyte était obligé après la réception, qui se faisait au nom du grand Maître, de baiser le pommeau de l'épée du supérieur, qui lui disait : qu'il ne venait d'entrer que dans un noviciat de trois ans, dans lequel il avait à se rendre digne à l'avancement par une *obéissance aveugle à ses supérieurs*.

Il n'y avait plus de tableau, et on déclarait tout ouvertement au nouveau reçu qu'il n'était plus question de maçonnerie, mais de l'ordre des Templiers, dont il avait commencé le noviciat.

Le 6ᵉ grade, ou *Chevalier Templier*, était divisé en *Eques*, *Socius* et *Armiger*.

On tenait formellement un chapitre ; l'Aspirant devait quitter le tablier doublé de vert, etl e *commissarius Ordinis*, faisant fonction du prieur, lui fit prêter le serment en langue latine. L'installation du nouveau reçu se faisait de même en latin ; on lui disait entre autres, en lui remettant le casque : *Ordo te clibano contra hostes olim fidei, nunc ordinis ut eo magis intercipias per duellium.*

Ci-après, le nouveau chevalier remettait sur une table à côté un don gratuit pour le *Præses*, se mettait alors à genoux devant lui pour recevoir de ses mains la croix rouge de l'Ordre et une bague d'or au petit doigt de la main droite. Il recevait des armes d'ordre et une devise ou motto y appartenant.

La réception d'un *Armiger* était de peu de différence ; au lieu d'*Eques*, on ne l'appelait que *Frater*.

Une troisième réception était celle des *Sociorum et amicorum Ordinis*. Il y importait, si le récipiendaire était une personne de distinction, d'après quoi on réglait son introduction, ou par des *Armigeros*, ou par des *Chevaliers*, ou par des *Commandeurs*. Au lieu de s'engager à une obéissance absolue, il promettait par serment : « estime et « dévouement parfait à ceux qui le recevaient parmi eux. »

Après sa réception, on le conduisait à sa place, en disant : « Prenez possession de la place que l'Ordre supé- « rieur vous accorde par préférence, pour lui assister en « cas de besoin de vos bons conseils et de votre main. »

Ce dernier règlement indique clairement la trace de quel ordre que celui est l'ouvrage, car le vrai ordre des Templiers ne connaissait pas ces *amici-socii* ; ils sont, au contraire, tout à fait ce qui formait la seconde classe de l'ordre des Jésuites. Cette classe était composée de prêtres et de lais, qui vivaient dans le monde et servaient les Jésuites, surtout auprès les cours ; ils s'appelaient *Jesuitæ in voto*, puisqu'ils avaient fait le vœu de prendre l'habit de l'Ordre aussitôt qu'il plairait au *Pater generalis*.

Il y avait, après la réception des *Fratres serventii*, des *socii* et *amici Ordinis*.

Le baron *de Prinzen* était le premier qui fondait un chapitre (à Berlin), et ce système se répandait après de plus en plus.

En 1763 se présentait le baron *de Hund* à *Unwürden*, dans l'Alsace, et se déclara grand Maître de la septième province, car l'Allemagne était divisée en province d'ordre.

Un certain *Johnson* s'annonçait peu après à Jéna comme grand Prieur de l'ordre, disant de pouvoir encore instruire le baron *de Hund*. Pendant son séjour à Altenbourg il exerçait les frères chevaliers jour et nuit à des fatigues; les nobles dans leurs terres dans le voisinage, étant membres de l'ordre, étaient même obligés de monter à cheval, fût-ce dans la nuit, sur le premier signe; ils étaient aussi enfermés dans des chambres obscures s'ils tardèrent.

Au convent des Templiers à Altenbourg, le baron *de Hund* réconnaissait en effet *Johnson* comme grand prieur de l'ordre et rendait lui obédience.

Mais tout cela n'était que tricherie, car *de Hund* même avait établi cet aventurier (qui était un juif nommé *Leicht* ou Leucht) pour agrandir son système et pour lui donner plus d'authenticité et en tirer autant de profit que possible. A la fin *Johnson* paraissait devenir trop dangereux, ou il croyait que le secret pourrait être trahi par lui, ce qui fit que *de Hund* déclarait lui-même que *Johnson* était un aventurier. Peu après fut ce dernier arrêté sur les ordres du conseiller intime *de Pritsch* (1), qui était un partisan de *de*

---

(1) Qui était dans ce temps le tuteur du prince mineur de Weimar.

Hund, et on le transporta à la *Wartbourg* (1), où il était entretenu aux frais de la stricte observance, et où il mourut subitement, apparemment puisque la majorité du jeune duc de Weimar s'approchait.

Monsieur *de Fritsch* réclamait, par suite de cette affaire, au convent de Brunsvic la restitution de 3,000 rixdales (12,000 fr.) comme frais alimentaires de *Johnson*.

L'enthousiasme pour cet ordre de Templiers commençait se refroidir et on tâchait d'y réunir un plan de tontine, pour quel effet on fesait payer les hauts grades 300 à 1,000 rixdales; mais comme ce plan ne réussissait non plus, on annonçait une branche cléricale.

Les Jésuites donnaient cette nouvelle invention pour occuper d'une autre manière les personnes qui cherchaient des secrets. *Starke*, professeur à Rostock, après prédicateur de la cour à Kœnigsberg et à la fin à Darmstadt, était le chef de cette branche; après lui étaient les membres les plus actifs, M. de Raven, à Ranefeld en Mecklenbourg, et le conseiller de la cour d'appel d'Ueffel à Zelle.

Les clercs faisaient partie de la septième province, et leur chapitre général *Canonicorum regularium* était composé des personnes suivantes :

I. Canonici regulares.

1. Baron *de Raven* (*Theodosius a Margaritha*), à Kampfeld en Meklenbourg.
2. *Starke* (*Archimedes ab Aquila fulva*), professeur en théologie à Rostock (voyez ci-dessus).
3. Baron *de Both* (*Sulpitius a Malleo aureo*), Colonel au service de Meklenbourg.

(1) Ancien château fortifié près d'Eisenach.

4. *Hoger* (*Hugo ab Accacia*), Commissaire gén. des Provisions en Prusse.
5. *Hippel* (*Eugenius a Falce*), Conseiller du Tribunal criminel à Kœnigsberg.
6. *Berend* (*Albertus a septem Stellis*), Secrétaire de la Chambre en Prusse.

II. Novici.

1. *Linder* (*Andreas*), Prédicateur de la cour à Kœnigsberg.
2. Baron *de Schweder* (*Dominicus*), Capitaine des Dragons prussiens.

III. Clerici simplices, sive capellani ordinis.

1. Baron *de Vegesack* (*a Leone insurgente*).
2. *Bœhmer* (*ab Hippopotamo*), Lieutenant-col. suédois.
3. *Hünther* (*a Cruce aurea*), Pasteur en Saxe.
4. *De Prange* (*Eucharius a Perone*), Major au service de Holstein.

IV. Fratres militares a capit. gen. pertinentes.

1. Vacat..... *Vicarius Magistri.*
2. — ..... Représentant du Chapitre clérical dans la résidence du G. Mre Provincial.
3. Baron *de Osten* (*ab Aquila coronata*), Custos sacri capit. gener. en Courlande.
4. *Jacobi* (*Carolus a Stella fixa*), Secrétaire du Baron *de Hund.*
5. *Peresmetoff de Morath* (*a Corona aurea*), Lieutenant suédois.
6. *Laval* (*Claudius a Bombyce*), Négociant à Kœnigsberg.

Quoiqu'on avait séduit un grand nombre de curieux qui désiraient de profiter des connaissances cléricales, le convent intimé à Kohlo en 1772 pour réunir les clercs avec la stricte Observance ne réussissait pas entièrement à la satisfaction des premiers. En 1775 il fut tenu à Brunsvic un second convent, où un certain *Gugomos* paraissait (comme quelque temps après Schrœpfer) avec de nouvelles charlataneries, mais se sauva après.

Le *duc de Brunswic* convoquait, à la fin de 1782, un nouveau convent à Wilhelmsbad « pour découvrir le vrai but de la Maçonnerie, » et le résultat fut « que tous les Chevaliers convinrent qu'ils n'étaient point des vrais Chevaliers Templiers, mais qu'ils donneraient à l'avenir une instruction historique sur l'ordre des Templiers dans leur dernier grade maçonnique, » à quel usage ils composèrent aussi des nouveaux cahiers. Cependant malgré ce convent tout restait comme il était; une branche de la stricte observance créa toujours des Templiers, une autre traita de l'alchimie et autres chimères, et une autre branche attendait en passience ce que les supérieurs feraient.

Cependant le baron *de Hund* mourut en bon catholique (ayant changé sa religion contre la catholique romaine, et ayant continuellement près de lui un capucin), et il survint des circonstances ridicules à l'égard du chevalier *Stewart*, prétendant d'Angleterre.

Ce Chevalier venant en Allemagne pour chercher son épouse, la princesse *de Stollberg*, fut secrètement reçu Templier par *de Hund*, et nommé grand Maître de l'Ordre. En récompense, il donna à *de Hund* la patente comme grand Maître pour l'Allemagne, et l'antidata. Cette patente fut aussi la seule que *de Hund* pouvait exhiber au convent de Kohlo pour sa légitimation. Mais le pauvre chevalier *Stewart* perdait presque la raison, puisqu'on lui assurait que l'Ordre ne lui laisserait aucun repos avant qu'il ne lui

eût mis en possession d'un pays conséquent, quand même
ce fût en Amérique, et que cet Ordre eût un grand parti
dans lequel il se trouvait même beaucoup de souverains :
car comme ce chevalier revenait à Rome, il y faisait son
entrée solennellement et se faisait devancer par des hérauts,
qui le proclamaient roi ; aussi réclamait-il les honneurs dus
aux rois ; mais le Pape, plus sage, le lui faisait bientôt
interdire. Toute l'Europe riait dans le temps de cette affaire,
annoncée dans toutes les gazettes, sans cependant en connaître les vrais motifs.

Dans l'Alsace et dans la Lorraine, ce système de Templiers s'était de même répandu sous les auspices du *duc de
Chartres ;* mais de peur pour la police, les membres changèrent, sur un convent de Lion, leur nom en chevaliers
bienfaisants de la Cité sainte. *Saint-Martin* et *Villermoz*
furent les principaux ressorts de ce changement. Ils composèrent plusieurs grades mystiques, dont l'esprit est connu
par les écrits de cette école, comme *les Archives mythoher-
métiques, des Erreurs et de la Vérité,* etc.

Il y a encore à observer la distribution des provinces de
l'ordre des Templiers et les noms caractéristiques des principaux membres :

1° la province de l'Aragon ;
2°   —   de l'Auvergne ;
3°   —   de l'Occident ou de Languedoc ;
4°   —   de Lion ;
5°   —   de la Bourgogne ;
6°   —   de la Grande-Bretagne ;
7°   —   de la basse Saxe, de l'Elbe et de l'Oder,
                       la Pologne prussienne, la Livonie et la
                       Courlande ;
8°   —   de l'Allemagne supérieure, du Pô, du
                       Tibre, de l'Italie et de la Sicile ;
9°   —   de la Grèce et de l'Archipel.

Voilà la distribution des provinces *avant* le convent de Wilhelmsbad ; mais à ce convent même on stipulait la distribution suivante :

1° Province de la basse Allemagne, la Pologne et la Prusse.

   N. B. On lui a donné ce rang, parce qu'elle a été la première en activité.

2° Province de l'Auvergne ;

3°   —   de l'Occident ;

4°   —   de l'Italie ;

5°   —   de la Bourgogne et de la Suisse ;

6°   —   de l'Allemagne supérieure ;

7°   —   de l'Autriche et de la Lombardie :

8°   —   de la Russie ;

9°   —   de la Suède.

On rayait donc de la matricule les provinces de l'Aragon et de Lion, puisqu'elles étaient hors d'activité, et celle de la Grande-Bretagne, puisqu'elle ne donnait pas d'espérance de se réunir.

Chaque province avait, pour sous-divisions, des prieurés, des préfectures, des commanderies, et des loges écossaises, et des loges symboliques.

Toutes les provinces étaient, après la mort du baron *de Hund*, subordonnées au grand Maître général, le *duc Ferdinand de Brunswic;* mais chaque province avait son grand Maître provincial.

La septième province était composée : *A.* du chapitre provincial présidé par son grand Maître provincial, le baron *de Hund*, seigneur d'Alten-Grottkau (conseiller intime du duc de Weimar), sous le nom caractéristique d'*Eques ab Ense*.

Entre autres, les suivants étaient membres de ce chapitre provincial : *de Raven*, en Mecklenbourg ; *de Lestwitz*, lieutenant-colonel au service de Brunswic ; comte *de Brühl*, général lieutenant d'artillerie du roi de Pologne ; *W. de Heinitz*, chambellan de l'électeur de Saxe ; *Bode*, conseiller intime du duc de Weimar ; *de Wollner*, comte de Finkenstein.

   B. Les préfectures suivantes :

1° De Gounneren, à Dresden. Préfet : *Voigt*, D^r juris à Dresden, *Eq. a Falcone.*

2° De Tempelberg, en Courlande. Préfet : *De F****, seigneur d'Ocklau, en Courlande, *Eq. ab Aquila rubra.*

3° De Templin, à Berlin. Préfet : *Krüger*, conseiller intime, *Eq. a Caryophille* après de Wollner.

4° De Brunopolis, à Brunswic. Préfet : *de Lestwitz*, lieutenant-colonel, *Eq. a Cruce armata.*

5° De Derla, à Leipsic. Préfet : *de Schierbrand*, capitaine, *Eq. a Pila ignifera.*

6° De Baruth, à Gorlitz. Préfet : *de Gorsdorf*, chambellan, *Eq. a Serpente.*

7° De Callemberg, à Hanovre. Préfet : *De Reden*, capitaine des mines, *Eq. a Pilastro.*

8° De Ritterfeld, à Francfort. Préfet : *De Cottutinsky*, major, *Eq. a Gryphii ungula.*

9° D'Appelstedt, en Silésie. Préfet : *De Vitzthum d'Echstedt, Eq. a Sphæra.*

10° Capitulum à Wismar. Préfet : *De Both*, lieutenant-colonel, *Eq. a Malleo aureo.*

11° Capitulum, à Kœnigsberg. Préfet : Comte *de Finkenstein*, président de la régence, *Eq. a Luna.*

12° Le sous-prieuré de Ratzebourg, y inclus la préfecture d'Eckhorst, en Mecklenbourg. Préfet : *De Schrader*, conseiller du tribunal de justice, *Eq. a Grece.*

13° Le sous-prieuré de Ratzebourg, y inclus la préfecture d'Ivenah, à Lunebourg. Préfet : *Janisch*, D^r, à Hambourg, *Eq. ab Urtica.*

14° Le sous-prieuré de Ratzebourg, y inclus la préfecture

de Bium, à Copenhague. Préfet : *De Behtholdsheim*, major danois, *Eq. a Clibano nigro*.

15° Le sous-prieuré de Droissig, y inclus la préfecture de Rodomosky, à Prague. Préfet : *De Pracht*, lieutenant-colonel autrichien, *Eq. a Pegaso*.

16° Le sous-prieuré de Danneberg, à Weimar. Préfet : *De Bechtholdsheim*, conseiller intime, *Eq. a Trubibus albis*.

17° Le sous-prieuré de Danneberg, y inclus la préfecture de Supplinbourg, à Anspach-Bayreuth. Préfet : *De Metsch*, conseiller intime, *Eq. ab Alis*.

18° La diocèse, la dernière constituée en Pologne. Comte *de Bruhl, Eq. a Gladio anticipite*.

19° Capitulum generalis canon. regul., en branche cléricale. Prieur : *De Raven, Eq. a Margaritha* (après *Starke*).

NOMS REMARQUABLES.

Eques a Munimento , le markgraf Charles - Alexandre d'Anspach-Bayreuth.

Eques a Cruce armata, de Lestwitz.

Eques a Ruta armata, de Heinitz, en Saxe.

Eques a Cubo, de Wollner, à Berlin.

Eques a Sepulchro, de Wurmb.

Eques a Coronis, Charles, duc de Courlande.

Eques a Tarda, Theden. (N. B. *Reden* ?).

Eques a Tago, Schulze, conseiller de guerre.

Eques a Plagula, Decker.

Eques a Lampade, de Lamprecht.

Eques a Cratere, de Goldbeck.

Eques a Serpente, Fritsch, conseiller intime. (N. B. unic. mala *Fritze* quant.)

Eques a Circino, Schwitzky, conseiller de guerre.

Eques a Lyra, de Hymmen.

Eques a Rosa nautica, Gohl.

Eques ab Arbore frugifera, de Bosc.

Eques a Grypho, de Bischofsverder.

Eques a Pino virente, de Exter.

Eques a Cuniculo, Loss, secrétaire intime.

Eques a Torbedine, de Reppert, à Trollenhagen.

Dominicus, baron de Schroder (clerc).

Eques ab Æsculapio, Dielholm Lavater, docteur en médecine, grand prieur de la Helvétie.

Archidemides ab Aquila fulva, Starke, docteur en théologie,
à Darmstadt.

Eques a Cyano triumphante, Gugomos, ci-devant lieutenant
prussien.

Eques a Capricorno, baron Albert de Seckendorf, président
de la Chambre, à Bayreuth.

Eques a Ceraso, baron de Wachter, chancelier du prieuré
allemand de la septième province, ambassadeur
danois, à Ratisbonne, ci-devant avocat (1).

Eques ab Ense, baron de Hund, grand Maître provincial de
la septième province.

Eques a Lapide nigro, de Zinnendorf.

---

(1) Quelques préfectures de ce système l'envoyèrent à leurs frais en
Italie pour s'informer ce qu'il en était de ce que l'*Eques ab Ense* avait
avancé et pour faire des recherches si l'hypothèse de *Bode* (que la maçonnerie eut été inventé par les Jésuites dans le xviie siècle pour rétablir l'Église romaine en Angleterre et qu'ils l'eurent caché sous le manteau des Templiers en faveur du Prétendant) fût fondée.

De Wachter revint et soutint que tout ce que l'*Eques ab Ense* avait
raconté du Prétendant fut mensonge et que les conjectures que l'on y
avait fondées furent fausses. Cependant ce voyageur avait si bien fait
sa fortune par ce voyage qu'il jouait dès ce temps un grand rôle.

Eques a Leone insurgente, de Vegesack (clerc).

Eques a Leone resurgente, prince Charles de Hesse, grand Maître provincial de la septième province, coadjutor du grand prieuré allemand de la huitième province dont il est devenu après la mort du duc Ferdinand de Brunsvic. Il est au moins certain que les archives de l'Ordre lui ont été délivrés du vivant du duc Ferdinand de Brunsvic.

Eques a Leone aureo, prince Frédéric de Brunsvic-Oels.

Eques a Lilio Convallium, Chrétien Bode, conseiller de légation de Saxe-Gotha, procurator generalis de la septième province.

Eques a Margaritha, de Raven, prieur des clercs, en Mecklenbourg.

Eques a monte Santo, de Haugwitz, ministre du cabinet du roi de Prusse.

Eques a Portu optato, duc de Havre et de Croix, grand Maître provincial de la deuxième province.

Eques a sacra Tumba, Hubert de Dahlberg, conseiller intime et président de la chambre.

Eques a septem Sagittis, prince Frédéric de Hesse-Cassel, grand Maître du prieuré des Bataves, à la Haye.

Eques a Sole vivifiante, Charles, duc de Sudermanie.

Eques a Sole aureo, le premier grand Maître (le chevalier Stewart).

Eques a Spina, Kessler von Sprengeisen, lieutenant-colonel, procurator generalis de la huitième province.

Eques a Stella, Jacobi, conseiller intime.

Eques a Struthione, Schubart de Klufeld, visitator generalis et provisor domorum de la septième province.

Eques a Turre aurea, comte Gabriel de Bernez. (N. B. id. de Lernay), grand Maître provincial de la huitième province.

Eques a Thymaleo, Auguste de Marschall.

Eques ab Urna, Schwartz, à Brunsvic, conseiller d'État du
roi de Danemarc, grand-duc des archives.

Eques a Victoria, duc Ferdinand de Brunsvic, grand Maître
général de la Maçonnerie en Allemagne.

L'ACTE D'OBÉDIENCE DU BARON DE HUND.

(N° 6 des manuscrits du prince de Hesse.)

Ayant appris qu'il existe hors des loges *observantiæ latæ*
(qui étaient jusqu'ici les seules connues en Allemagne) encore d'autres loges *observantiæ strictæ*, qui observent un
Rit purement conservé et transféré des temps les plus anciens et qui reconnaissent des supérieurs, nous soussignés
renonçons par la présente avec conviction, volontairement
et *sine ulla reservatione*, aux statuts, devoirs et usages de
toute autre observance, et soumettons-nous par la présente
au *Rituali strictæ observantiæ*, mais principalement à sa
Grandeur révérende le Grand-Maître Provincial de la
7e Province et de tous les Francs-Maçons allemands, nous
le reconnaissons comme notre vrai Chef et promettons par
la présente religieusement et inviolablement :

1° Une obéissance complète et tant qu'il est dans notre
pouvoir humain au révérend Grand-Maître ou à celui qui
pourrait être nommé par l'ordre suprême à cette qualité,
comme aussi à tous les supérieurs et préposés nommés et
à nommer par le révérend Grand-Maître.

2° De nous soumettre aux dispositions des supérieurs
dans les cas douteux principalement à ce qui regarde les
loges *observantiæ latæ* et de faire ou de laisser en tout tems

ce qu'il nous sera ordonné par les supérieurs respectifs pour le bien de l'ordre, sans en vouloir approfondir les intentions ou le but.

3° D'observer le plus profond silence sur tout ce que nous pourrons voir, entendre ou apprendre dans les loges et pendant les réceptions et de n'en révéler d'ucune manière la moindre chose ni à un Franc-Maçon qui ne s'est pas joint à la stricte observance par sa signature de là présente, ni à aucune personne du genre masculin ou féminin, et encore moins d'entamer une correspondance maçonnique sans la connaissance des supérieurs, mais de leur remettre immédiatement les lettres de cette nature que nous pourrons recevoir et d'attendre leurs instructions sur les réponses à faire.

4° De nous soumettre de bonne volonté sans réplique aux peines qui nous pourront être imposées par les Grands Supérieurs ou Préposés.

Nous promettons tout ceci par nos premières obligations que nous avons contractées à notre entrée dans l'ordre et sous peine de perdre pour jamais l'honneur en l'intuition éternelle de Dieu.

Suivent les signatures.

CHARTE

TRANSMISSION DE L'ORDRE DU TEMPLE.

(Suivant la première charte conservée dans les archives de l'Ordre,
suivant celle du convent de Versailles en 1705, suivant celle du *Manuel de l'Ordre* en 1818 et suivant celle des *Statuts de l'Ordre* de
1840).

Art. Ier. Le texte de la Charte de Transmission, donnée
par l'illustre grand Maître **Johannes-Marcus Larmenius**,
le 13e jour de février de la naissance de N.-S. J.-C. 1324,
est ainsi conçu :

« Ego Frater **Johannes-Marcus Larmenius, Hierosoly-**
« **mitanus**, Dei gratiâ et secretissimo Venerandi Sanctissi-
« mique Martyris Supremi Templi Militiæ Magistri *(cui*
« *honos et gloria)*, decreto, communi Fratrum concilio con-
« firmato, super universum Templi Ordinem, Summo et
« supremo Magisterio insignitus, singulis has decretales lit-
« teras visuris,

    Salutem ! salutem ! salutem !

« Notum sit omnibus tam præsentibus quàm futuris quod
« deficientibus propter extremam ætatem viribus, rerum
« angustiâ et gubernaculi gravitate perpensis, ad majorem
« Dei gloriam, Ordinis, Fratrum et Statutorum tutelam et
« salutem, Ego, prædictus Humilis Magister Militiæ Templi,
« inter validiores manus Supremum statuerim deponere
« Magisterium.

« Idcircò, Deo juvante, unoque Supremi Conventûs Equi-
« tum consensu, apud Eminentem Commendatorem et ca-

« rissimum Fratrem Franciscum - Thomam - Theobaldum-
« Alexandrinum, Supremum Ordinis Templi Magisterium
« auctoritatem et privilegia contuli, et hoc præsenti decreto,
« pro vitâ; confero, cum potestate secundùm temporis et
« rerum leges, Fratri alteri, institutionis, et ingenii nobili-
« tate morumque honestate præstantissimo, summum et
« supremum Templi Ordinis Magisterium, summamque
« auctoritatem conferendi. Quod sic, ad perpetuitatem
« Magisterii, successorum non intersectam seriem et Statu-
« torum integritatem tuendas. Jubeo tamen ut non trans-
« mitti possit Magisterium, sine Commilitonum Templi
« Conventûs-Generalis consensû, quoties colligi potuerit
« Supremus iste Conventus; et, rebus ita sese habentibus,
« Successor ad nutum Equitum eligatur.

« Ne autem languescant Supremi Officii munera, sint nunc
« et perenniter quatuor Supremi-Magistri-Vicarii, supre-
« mam potestatem, Eminentiam et Auctoritatem, super uni-
« versum Ordinem, salvo Jure supremi Magistri habentes (1),
« qui Vicarii-Magistri apùd seniores secundùm professionis
« seriem eligantur, quod statutum à commendato Mihi et
« Fratribus vos sacrosancti prædicti Venerandi beatissimi-
« que Magistri Nostri Martyris *(cui honos et gloria)*. Amen !

« Ego denique Fratrum Supremi-Conventûs decreto è
« supremâ Mihi commissâ auctoritate, Scotos Templarios
« Ordinis desertores, anathemate percussos, illosque et
« dominiorum Militiæ spoliatores *(quibus apùd Deum mise-*
« *ricordia)* extra girum Templi, nunc et in futurum, Volo,
« Dico et Jubeo.

« Signa ideo, pseudo-Fratribus ignota et ignoscenda
« constitui, ore Commilitonibus tradenda, et quæ in Supre-
« mo-Conventû, jam tradere modo placuit.

« Quæ vero signa tantummodo pateant post debitam Pro-

____

(1) Passage qui a été modifié plusieurs fois par les grands Maîtres.

« fessionem et Equestrem Consecrationem, secundùm Tem-
« pli Commilitonum Statuta, Ritus et Usus, prædicto Emi-
« nenti Commendatori a Me transmissa sicut à Venerando
« et Sanctissimo Martyre Magistro *(cui honos et gloria)* in
« meas manus habui tradita.

« Fiat sicut dixis. Fiat. — Amen !!!

« Ego Philippus Chabotius, Deo juvante, Supremum-
  « Magisterium acceptum habeo. 1516
« Ego Gaspardus de Salciaco Tavannensis, Deo ju-
  « vante, Supremum-Magisterium acceptum habeo. 1544
« Ego Henricus de Montemorenciaco, Deo juvante,
  « Supremum-Magisterium acceptum habeo. 1574
« Ego Carolus Valesius, Deo juvante, Supremum-Ma-
  « gisterium acceptum habeo. 1616
« Ego Jacobus Ruxellius de Granceio, Deo juvante,
  « Supremum-Magisterium acceptum habeo. 1651
« Ego Jacobus-Henricus de Duroforti, Dux de Duras,
  « Deo juvante, Supremum-Magisterium acceptum
  « habeo. 1681
« Ego Philippus, Dux Aurelianensis, Deo juvante, Su-
  « premum-Magisterium acceptum habeo. 1705
« Ego Ludovicus-Augustus Borbonius, Dux du Maine,
  « Deo juvante, Supremum-Magisterium acceptum
  « habeo. 1724
« Ego Ludovicus-Henricus Borbonius-Condæus, Deo
  « juvante, Supremum-Magisterium acceptum habeo. 1737
« Ego Ludovicus-Franciscus Borbonius-Conty, Deo
  « juvante, Supremum-Magisterium acceptum habeo. 1741
« Ego Ludovicus-Hercules-Timoleo de Cossé-Brissac,
  « Deo juvante, Supremum-Magisterium acceptum
  « habeo. 1776
« Ego Claudius-Mathæus Radix de Chevillon, Templi
  « Senior Vicarius-Magister morbo gravi affectus
  « adstantibus Prospero-Mariâ-Petro-Michaele Char-
  « pentier de Saintot, Bernardo-Raymundo Fabré,
  « Templi Vicariis-Magistris, et Johanne-Baptistâ-Au-
  « gusto de Courchant, Supremo-Præceptore hasce lit-
  « teras decretales super universum a Ludovico-Her-
  « cule-Timoleone de Cossé-Brissac, Supremo-Ma-
  « gistro, temporibus infaustis mihi depositas Fratri

« Jacobo-Philippo Ledru , Templi Seniori Vicario-
« Magistro mei amicissimo tradidi, ut istæ litteræ
« in tempore opportuno ad perpetuam Ordinis
« Nostri Memoriam, juxtà Ritum Orientalem vigeant
« Die decimâ junii. 1804
« Ego Bernardus-Raymundus Fabré, Cordo-Albiensis,
  « Fratrum Collegarumque voto annuens, Deo ju-
  « vante, Supremum-Magisterium acceptum habeo,
  « die quartâ novembris.. 1804

Hic erat Suæ Eminentissimæ Celsitudinis Supremi-Magistri Bernardi-Raymundi abdicatio data Magistropolis (*Lutetiæ-Parisiorum*), die decimâ septimâ cisleu anno Ordinis 694 (die vigesimâ primâ mensis novembris anno D.-N. J.-C. 1812), quæ manu propriâ Supremi-Magistri suoque chirographo et suis insignibus sigilloque munita, inscripta fuerat in Chartâ Transmissionis et in Tabellis Actuum Supremorum.

Sed hæc prædicta abdicatio à Supremo-Magistro Bernardo-Raymundo, ipso, in Chartâ necnon Actuum Supremorum tabellis nuperrimè deleta fuit.

Quæ tamen supra dicta abdicatio necnon Supremi-Officii muneris Magistrali-Vicario Johanni-Baptistæ-Augusto Europæo delegatio Curiæ Præceptorialis sententiâ Conventûs-Generalis decreto die vigesimâ nonâ tebeth 695, confirmata irritæ dicebantur, die secundâ lunæ shebeth 694.

Et enim quartâ die lunæ sivan, anno Ordinis 694, patebat prima Supremi-Magistri abdicatio ; Conventusque-Generalis Equitum Templi convocabatur ad diem primam lunæ adar, anno Ordinis 694, primam diem mensis februarii anno Domini Nostri Jesu-Christi 1813, Supremum-Magistrum electurus gubernaculoque Templi tuiturus.

ART. 2. La liste et la série des grands Maîtres de l'Ordre est ainsi arrêtée et reconnue d'après les renseignements et documents authentiques, la Charte de Transmission et la Table d'or :

	An de l'Ordre.	De N. S. J. C.
1. F. Hugues de Payens, fondateur de l'Ordre et premier grand Maître (Hugo de Paganis).	1	1118
2. F. Robert de Crédon ou Craon (Robertus de Credonio).	21	1139
3. F. Eberhart des Barres (Eberhardus de Barris).	29	1147
4. F. Bernard de Tremelay (Bernardus Tremolaius).	33	1151
5. F. Bertrand de Blanchefort (Bertrandus de Alboforti)..	36	1154
6. F. Philippe de Naplouse (Philippus Neapolitanus).	51	1169
7. F. Odon de Saint-Amand (Odo de Sancto-Amando).	53	1171
8. F. Arnauld de la Tour-Rouge ou de Toroge (Arnoldus de Turri-Rubra). .	62	1180
9. F. Jehan de Terric (Johannes Terricus).	67	1185
10. F. Girard de Riderfort (Girardus Riderfortius).	69	1187
11. F. Robert de Sablé ou des Sables (Robertus Sablæus).	75	1191
12. F. Gibert Éral, ou Roral d'Érals (Gilbertus Eralius).	78	1196
13. F. Philippe du Plessis (Philippus de Plessio).	83	1201
14. F. Guillaume de Chartres (Guillielmus de Carnoto).	99	1217
15. F. Pierre de Montagu ou Montaigu (Petrus de Monte-Acuto).	100	1218

	An de l'Ordre.	De N. S. J. C.
16. F. Armand de Grosse-Pierre (Armandus de Petra-Grossa).	111	1229
17. F. Hermann de Périgord (Hermannus Petragorius).	119	1237
18. F. Guillaume de Rochefort, Régent (Guillielmus de Rupeforti, Regens). . .	126	1244
19. F. Guillaume de Sonnac (Guillielmus Sonneius).	129	1247
20. F. Renaud de Vichy ou de Vichiers (Reginaldus Vichierus).	132	1250
21. F. Thomas Berald ou de Beraud (Thomas Beraldus).	139	1257
22. F. Guillaume de Beaujeu (Guillielmus de Bellojoco)	156	1274
23. F. Théobald Gaudini (Theobaldus Gaudinius).	173	1291
24. F. Jacques de Molay (Jacobus de Molaio).	180	1298
25. F. Jean-Marc Larmenius de Jérusalem, — donne la Charte de Transmission le 13 février 1324. Création de quatre Lieutenants-Généraux, Princes Souverains et à vie de l'Ordre (Johannes-Marcus-Larmenius). Quatuor Supremorum Vicariorum-Magistrorum pro vitâ Supremorum – Principum Ordinis institutio.	196	1314
26. F. François - Thomas - Théobald d'Alexandrie (Franciscus - Thomas - Theobaldus Alexandrinus). . . .	206	1324
27. F. Arnaud de Braque (Arnulphus de		

	An de l'Ordre.	De N. S. J. C.
Braque).	222	1340
28. F. Jehan de Clermont (Johannes Claro-montanus).	231	1349
29. F. Bertrand Duguesclin (Bertrandus Du-guesclin)	239	1357
30. F. Jehan Ier d'Armagnac (Johannes I^{mus} Arminiacus	263	1381
31. F. Bernard d'Armagnac (Bernardus Ar-miniacus).	274	1392
32. F. Jehan II d'Armagnac (Johannes II Arminiacus).	301	1419
33. F. Jean de Croy (Johaunes Croyus). . .	333	1451
34. F. Bernard Imbault, Lieutenant-Général d'Afrique, Régent (Bernardus Im-baultius, Supremus-Magister Afri-canus, Regens).	354	1472
35. F. Robert de Lenoncourt (Robertus Le-noncurtius).	360	1488
36. F. Galéas de Salazar (Galeatius de Salazar)	379	1497
37. F. Philippe de Chabot (Philippus Chabo-tius).	398	1516
38. F. Gaspard de Saulx et de Tavannes (Gas-pardus de Salciaco Tavannensis). .	426	1544
39. F. Henry de Montmorency (Henricus de Montemorenciaco)	456	1574
40. F. Charles de Valois (Carolus Valesius).	497	1615
41. F. Jacques Rouxel de Grancey (Jacobus Ruxellius de Granceio).	533	1651
42. F. Jacques-Henry de Durfort, Duc de Duras (Jacobus-Henricus de Duro-forti, Dux de Duras).	563	1681
43. F. Philippe, Duc d'Orléans (Philippus,		

	An de l'Ordre.	De N. S. J. C.
Dux Aurelianensis).	587	1705
44. F. Louis-Auguste de Bourbon, Duc du Maine (Ludovicus-Augustus Borbonius, Dux du Maine).	608	1724
45. F. Louis-Henri de Bourbon, Prince de Condé (Ludovicus-Henricus Borbonius Condæus).	619	1737
46. F. Louis-François de Bourbon, Prince de Conty (Ludovicus-Franciscus-Borbonius Conty).	623	1741
47. F. Louis-Hercules-Timoléon de Cossé, Duc de Brissac (Ludovicus-Hercules-Timoleo de Cossé-Brissac). .	658	1776
48. F. Clande-Mathieu Radix de Chevillon, Lieutenant-Général d'Europe, Régent (Claudius-Mathæus Radix de Chevillon, Supremus-Vicarius-Magister Europæus, Regens).	674	1792
49. F. Bernard Raymond Fabré Palaprat de Spolette, né à Cordes (Tarn). (Bernardus-Raymondus-Fabré Cordo-Albiensis).	686	4 nov. 1804
50. F. Charles - Antoine - Gabriel, duc de Choiseul, ex-grand précepteur de Sud-Europe, président de la commission du convent général, remplaçant le magistère démissionnaire (Carolus-Antonius-Gabriel, duc de Choiseul, ex-summus Præceptor Sud-Europæus, Conventus Generalis Comitatui imperans, vacante Magisterio)	1er fév. 1813	

PAGE 47 DU MANUEL DU TEMPLE

DONNÉ AUX LIEUTENANTS GÉNÉRAUX.	DONNÉ AU PUBLIC.

32. *Supremi Magistri* sic se habet inthronisatio :

Ordinis Ministri, Magnus Ballivus, Magnus Gubernator, Magnus Baucennifer, Magnus Camerarius, Magni solemnium rituum Magistri, *Supremum Magistrum* electum ad œcum professionis quæsitum eunt, et in Templum ad sedem precationis adducunt.

A Secretario Magistrali electionis acta leguntur.

Munere accepto, *Supremus Magister* electus genua flectit. Primas, ministrantibus Coadjutoribus Generalibus,

32. *Supremi Magistri* sic se habet inthronisatio :

Ordinis Ministri, Magnus Ballivus, Magnus Gubernator, Magnus Baucennifer Magnus Camerarius, Magni solemnium rituum Magistri, *Supremum Magistrum* electum ad œcum professionis quæsitum eunt, et in Templum ad sedem precationis adducunt.

A Secretario Magistrali electionis acta leguntur.

Munere accepto, *Supremus Magister* electus genua flectit. Primas, ministrantibus Coadjutoribus Generalibus, psalmum LXV recitat. Electio *Supremo Magistro* fausta precatur. Illum benedicit, dicens : *Benedictio Patris* † *et Filii* † *et Spiritùs* † *Sancti descendat super te et maneat semper. Amen.*

Manus illi imponit, dicens : Δαβὲ Πνεῦμα ἅγιον : ἀν τιναν ἀφῆς τὰς ἁμαρτιας, ἀφιενται αὐτοῖς; ἀν τινων κρατῆς, κεκρὰτενται.

(*Quæ impositio omittitur, si eâ jam donatus fuerit electus Frater.*)

Oleo sancto illum in capite consecrat, dicens : *Ungatur et consecretur caput tuum cœlesti benedictione*, IN ORDINE PATRIARCHALI - APOSTOLICO : *in nomine Patris* † *et Filii* † *et Spiritûs* † *Sancti. Amen. Pax tibi. Amen.*

Posteà, orat Primas, dicens : *Christe, qui perunxisti hunc* PATRIARCHAM *oleo sancto undè uncti fuerunt* PONTIFICES, *Sanctissimæ tuæ Ecclesiæ fideles custodes, conserva-*

psalmum LXV recitat. Electio *Supremo Magistro* fausta precatur. Illum benedicit, dicens : *Benedictio Patris* † *et Filii* † *et Spiritùs* † *Sancti descendat super te et maneat semper. Amen.*

Magnus illi imponit, dicens : Δαβὲ Πνεῦμα ἀγιον : ἀν τινων ἀφῆς τὰς ἁμαρτίας, παρὰ τὸν Στρατιατὶκον κόμον, αφιενται αὐτοῖς; ἀν τινων κρατῆς, κεκρὰτενται (1).

Oleo sancto illum in capite consecrat, dicens : *Ungatur et consecretur caput tuum cœlesti benedictione*, IN ORDINE PATRIARCHALI : *in nomine Patris* † *et Filii* † *et Spiritùs* † *Sancti. Amen. Pax tibi. Amen.*

Posteà, orat Primas, dicens : *Christe, qui perunxisti hunc* PATRIARCHAM *oleo sancto undè uncti fuerunt Sanctissimæ tuæ Ecclesiæ fideles custodes, conservatores et defenso-*

______

(1) Intelligitur, his verbis, potestas magistralis remittendi aut retinendi culpas contrà disciplinam Ordinis, non autem potestas ecclesiastica vel sacerdotalis. Quod est a Primate mutuandum.

tores et defensores , perunge illum oleo sancto undè unxisti Reges et Principes qui per fidem vicerunt regna, operati sunt justitiam , adepti sunt repromissiones. Tua sanctissima unctio super caput ejus defluat, adque interiora descendat , et cordis illius intima penetret et promissionibus quas adepti sunt religiosissimi Reges et Principes gratiâ tuâ dignus efficiatur , quatenùs et in præsenti sæculo feliciter regnet, et ad eorum consortium, in cælesti regno, perveniat : Per Chr. Dom. Nostr. Amen.

Peractâ oratione, facit unctiones in capite , pectore , dorso, scapulis et brachiis, dicens : *Ungo te in* PRINCIPEM *de oleo sanctificato : in nomine Patris* + *et Filii* + *et Spiritùs* + *Sancti. Amen.*

Denique palmas inungens, dicit : *Ungantur manus istæ de oleo sanctificationis undè uncti fuerunt Reges et Prophetæ; et sicut unxit Samuel David in Regem et Prophetam, ut sis benedictus et constitutus* PRINCEPS *in regno Christi ,* EVANGELISANS *per universum orbem quem Domi-*

res, perunge illum oleo sancto undè unxisti Reges et Principes qui per fidem vicerunt regna, operati sunt justitiam, adepti sunt repromissiones. Tua sanctissima unctio super caput ejus defluat, adque interiora descendat , et cordis illius intima penetret et promissionibus quas adepti sunt religiossimi Reges et Principes gratiâ tuâ dignus efficiatur, quatenùs et in præsenti sæculo feliciter regnet, et ad eorum consortium, in cælesti regno, perveniat : Per Chr. Dom. Nostr. Amen.

Peractâ oratione, facit unctiones, in capite, pectore , dorso, scapulis et brachiis, dicens : *Ungo te in* PRINCIPEM *de oleo sanctificato : in nomine Patris* + *et Filii* + *et Spiritùs* + *Sancti. Amen.*

Denique palmas inungens, dicit : *Ungantur manus istæ de oleo sanctificationis undè uncti fuerunt Reges et Prophetæ; et sicut unxit Samuel David in Regem et Prophetam, ut sis benedictus et constitutus Princeps in regno Christi, evangelisans per universum orbem quem Dominus*

nus tuus dedit tibi ad regen-dum AUCTORITATE PATRIAR-CHALI ET POTESTATE MAGIS-TRALI. *Sit dextera tua Gladio Sancto tremenda; sit altera Cruce Sanctâ potens. Quod ipse præstare dignetur qui vivit et regnat per omn. sæc. sæcul. Amen.*

tuus dedit tibi ad regendum AUCTORITATE PATRIARCHALI ET POTESTATE MAGISTRALI. *Sit dextera tua Gladio Sancto tremenda; sit altera Cruce Sanctâ potens. Quod ipse præstare dignetur qui vivit et regnat per omn. sæc. sæcul. Amen.*

Paris. — Imprimerie de Mme Ve Bouchard-Huzard, rue de l'Éperon, 5. — 1863.

ALPHABETS DE SOCIÉTÉS SECRÈTES.

Francs-Maçons.

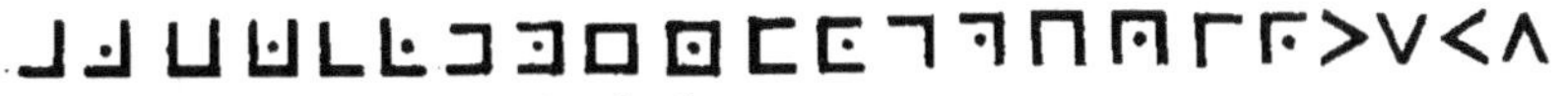

a b c d e f g h i l m n o p q r s t u x y z

ab	cd	ef
gh	il	mn
op	qr	st

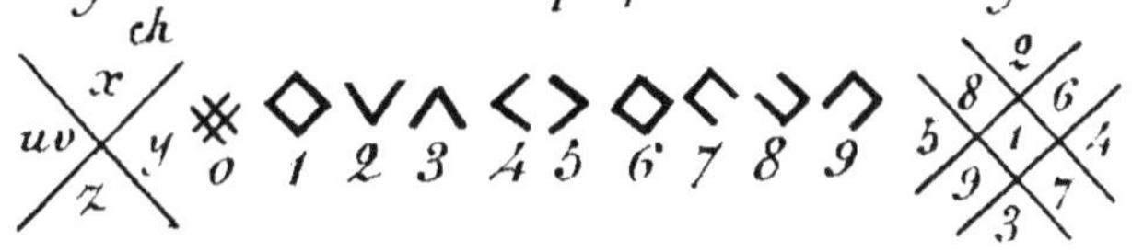

Illuminés. ⊙

12, 11, 10, 9, 8, 7, 6, 5, 4, 3, 2, 1, 13, 14, 15, 16, 17, 18, 19, 20, 21, 22, 23, 24,

a b c d e f g h ij k l m n o p q r s t u v x y z

Rose Croix, 1°.

1, 2, 3, 4, 5, 6, 7, 8, 9, 10, 11, 12, 13, 14, 15, 16, 17, 18, 19, 20, 21, 22, 23, 24,

a b c d e f g h ij k l m n o p q r s t u v x y z

2°.

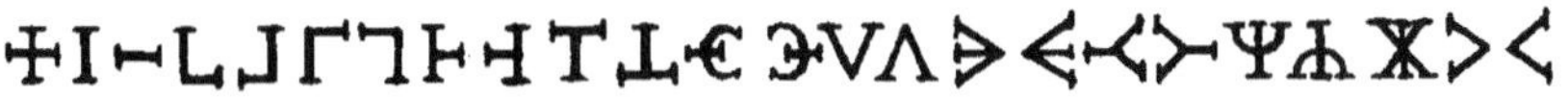

a b c d e f g h i l m n o p q r s t u x y z v w

3°.

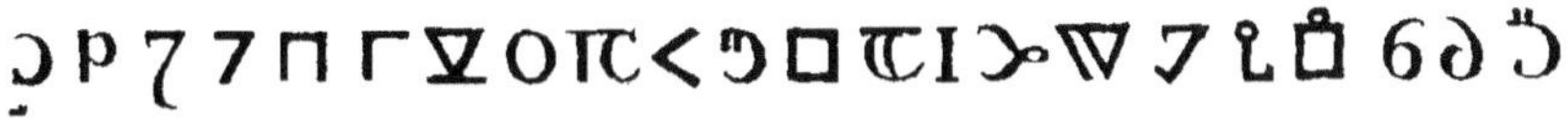

a b c d e f g h i k l m n o p q r s t u v w x y z

4°.

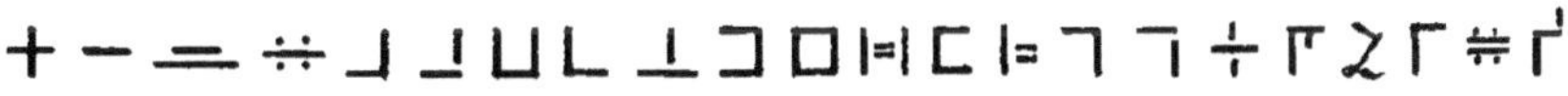

a b c d e f g h i l m n o p q r s t u x y z

Princes du Tabernacle.

a b c d e f g h i k l m n o p q r s t u v x y z

Sublimes Princes du Royal secret.

a b c d e f g h i j k l m n o p q r s t u v x y z

Grand Inspecteur Franc-Maçonnique.

a b c d e f g h i k l m n o p q r s t u x y z

	a		
b		c	
	d		

n m l	k i h	g f e
o ∆ a	o ∆ a	o ∆ a
y x u	t s r	q p o
o ∆ a	o ∆ a	o ∆ a

Kadosch.

70, 2, 3, 12, 15, 20, 30, 33, 38, 9, 10, 40, 60, 80, 81, 82, 83, 84, 85, 86, 90, 91, 94, 95,

a b c d e f g h i k l m n o p q r s t v x y z &

Templiers.

a b c d e f g h i k l m n o p q r s t u x y z

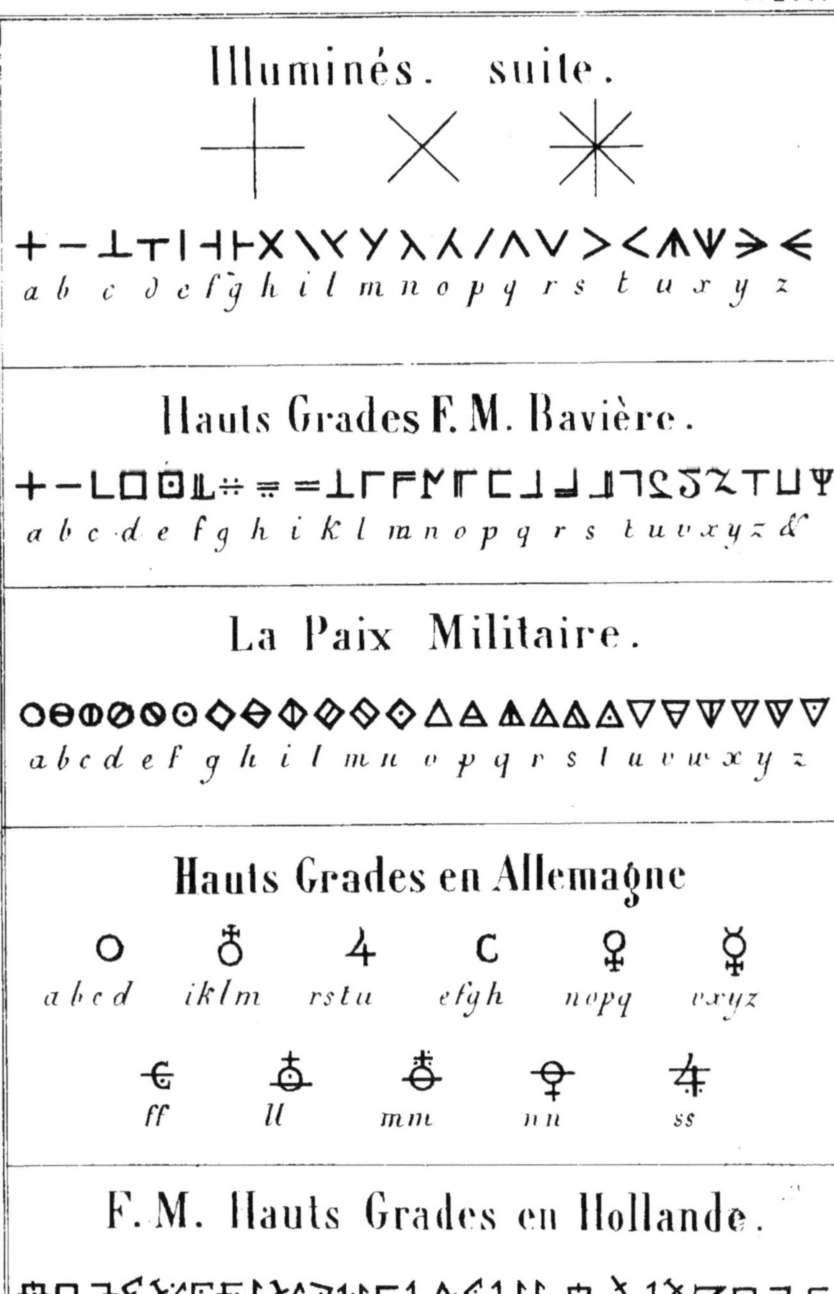

Illuminés. suite.
a b c d e f g h i l m n o p q r s t u x y z
Hauts Grades F. M. Bavière.
a b c d e f g h i k l m n o p q r s t u v x y z &
La Paix Militaire.
a b c d e f g h i l m n o p q r s t u v w x y z
Hauts Grades en Allemagne
a b c d   i k l m   r s t u   e f g h   n o p q   v x y z
ff   ll   mm   nn   ss
F. M. Hauts Grades en Hollande.
a b c d e f g h i k l m n o p q r s t u v w x y z

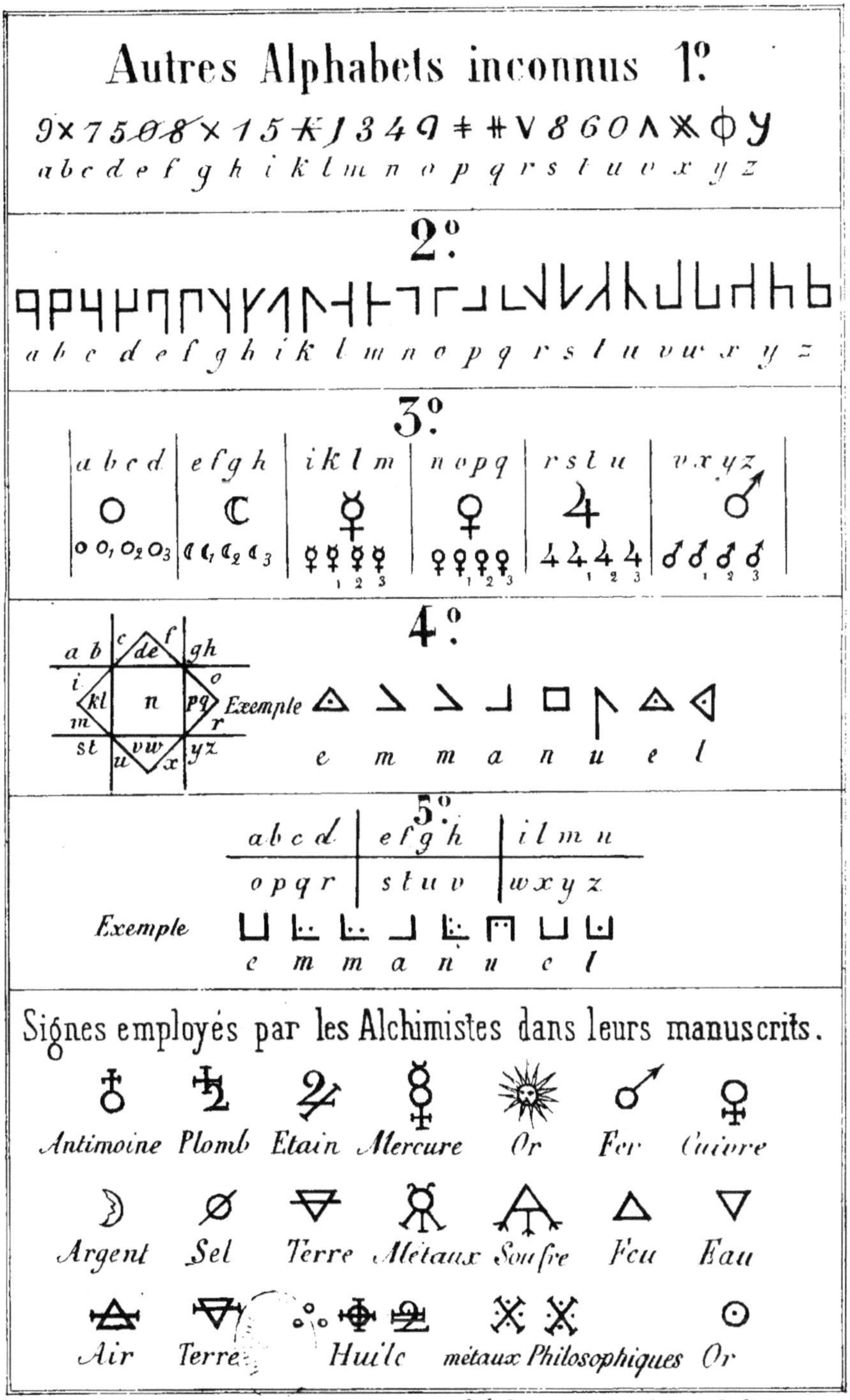

Autres Alphabets inconnus 1°

a b c d e f g h i k l m n o p q r s t u v x y z

2°

a b c d e f g h i k l m n o p q r s t u vu x y z

3°

a b c d	e f g h	i k l m	n o p q	r s t u	v x y z

4°

a b	c	d e	f	g h
i				o
kl		n		pq
m				r
st		vw		yz
		u	x	

Exemple

e m m a n u e l

5°

a b c d	e f g h	i l m n
o p q r	s t u v	w x y z

Exemple

e m m a n u e l

Signes employés par les Alchimistes dans leurs manuscrits.

Antimoine	Plomb	Etain	Mercure	Or	Fer	Cuivre

Argent	Sel	Terre	Métaux	Soufre	Feu	Eau

Air	Terre	Huile	métaux Philosophiques	Or

Lith. Roussaux et Grandjean, r. du Jardinet, 12.